AS 3 VIRTUDES ESSENCIAIS PARA TRABALHAR EM EQUIPE

AS 3 VIRTUDES ESSENCIAIS PARA TRABALHAR EM EQUIPE

UMA HISTÓRIA SOBRE COLABORAÇÃO

PATRICK LENCIONI

SEXTANTE

Título original: *The Ideal Team Player*

Copyright © 2016 por Patrick Lencioni
Copyright da tradução © 2022 por GMT Editores Ltda.

Esta edição foi publicada mediante acordo com John Wiley & Sons, Inc.

Todos os direitos reservados. Nenhuma parte deste livro pode ser utilizada ou reproduzida sob quaisquer meios existentes sem autorização por escrito dos editores.

tradução: Flávio Chamis
preparo de originais: Andréia Amaral
revisão: Luíza Côrtes e Midori Hatai
diagramação: Valéria Teixeira
capa: Victor Burton
imagem de capa: REDPIXEL.PL/ Shutterstock
impressão e acabamento: Cromosete Gráfica e Editora Ltda.

CIP-BRASIL. CATALOGAÇÃO NA PUBLICAÇÃO
SINDICATO NACIONAL DOS EDITORES DE LIVROS, RJ

L583t

Lencioni, Patrick, 1965-
As 3 virtudes essenciais para trabalhar em equipe / Patrick Lencioni ; tradução Flávio Chamis. - 1. ed. - Rio de Janeiro : Sextante, 2022.
; 21 cm.

Tradução de: The ideal team player
ISBN 978-65-5564-351-0

1. Liderança. 2. Grupos de trabalho - Administração. 3. Cultura organizacional. I. Chamis, Flávio. II. Título.

22-76581   CDD: 658.4092
                          CDU: 005.322:316.46

Meri Gleice Rodrigues de Souza - Bibliotecária - CRB-7/6439

Todos os direitos reservados, no Brasil, por
GMT Editores Ltda.
Rua Voluntários da Pátria, 45 – Gr. 1.404 – Botafogo
22270-000 – Rio de Janeiro – RJ
Tel.: (21) 2538-4100 – Fax: (21) 2286-9244
E-mail: atendimento@sextante.com.br
www.sextante.com.br

Este livro é dedicado a Tracy Noble, que me orientou durante o processo de escrita e que leva a vida com humildade, ambição e inteligência interpessoal.

Sumário

Introdução ... 9

A FÁBULA ... 11
    Parte um: A situação ... 13
    Parte dois: Diagnóstico ... 19
    Parte três: Descoberta ... 61
    Parte quatro: Implementação ... 95
    Parte cinco: Indicadores ... 141

O MODELO ... 157
    As três virtudes de um parceiro ideal de trabalho ... 158
    Definindo as três virtudes ... 160
    A história do modelo ... 165
    O modelo de parceiro ideal de trabalho ... 168
    Aplicação ... 176
    A conexão entre o parceiro ideal de trabalho e *Os 5 desafios das equipes* ... 213
    Reflexões finais – Além das equipes de trabalho ... 216
    Informações adicionais ... 217

Agradecimentos ... 218

Introdução

Se alguém me pedir uma lista das qualidades mais valiosas que uma pessoa deve desenvolver para progredir no trabalho – e, por que não, na vida também –, direi que a capacidade de ser um bom parceiro profissional deverá estar no topo. Trabalhar de modo efetivo com outras pessoas e agregar valor à dinâmica do grupo é mais crucial do que nunca, considerando o ritmo com que as coisas acontecem no mundo. Sem essa qualidade, poucos alcançarão o sucesso na vida profissional ou pessoal.

Tenho certeza de que a maioria das pessoas concorda com essa afirmação, por isso fico surpreso com o fato de ser tão raro encontrar bons parceiros de equipe. Acho que o problema está na dificuldade em definir o que significa ser um parceiro. Isso torna o conceito vago e impreciso.

De certo modo, o interesse pelo assunto é superficial e não recebe atenção prática. No livro *Os 5 desafios das equipes*, demonstro que o verdadeiro trabalho conjunto exige comportamentos concretos e específicos: confiança baseada na vulnerabilidade, conflito saudável, comprometimento, responsabilização e foco nos resultados. Felizmente, com treinamento, paciência e tempo suficientes, as pessoas aprendem a pôr esses conceitos em prática.

Entretanto, admito que algumas são mais propensas ao trabalho em equipe e a abraçar essas cinco diretrizes. Elas não nasceram assim, mas suas experiências, seu histórico de trabalho ou seu empenho real no cultivo do desempenho pessoal as fizeram adquirir as três virtudes estruturais dos parceiros ideais em uma equipe: humildade, ambição e inteligência interpessoal. Pode parecer simples, mas o verdadeiro significado dessas palavras é complexo. Compreender as nuances dessas virtudes é crucial para que elas sejam incorporadas de maneira eficaz.

Nos últimos 20 anos, trabalhei com diversos líderes e observei que, quando um dos membros da equipe carece de alguma dessas três virtudes, é muito mais difícil formar um time coeso, às vezes até impossível. Nossa empresa, The Table Group, vem usando essa técnica para recrutamento de pessoal desde a sua fundação, em 1977, e obteve resultados comprovados – tanto de sucesso quanto de fracasso. Foi assim que chegamos à conclusão de que essas três qualidades aparentemente óbvias representam para o trabalho em equipe o mesmo que velocidade, força e coordenação motora para um atleta: deixam tudo mais fácil.

As consequências são inegáveis. Líderes capazes de identificar, contratar e manter funcionários humildes, ambiciosos e dotados de inteligência interpessoal terão grandes vantagens. Eles estão aptos a formar equipes eficientes com facilidade e ao mesmo tempo reduzir o alto custo associado aos problemas de politicagem, rotatividade e falta de motivação. Colaboradores que incorporam essas virtudes são mais valiosos e relevantes para qualquer empresa que preze o trabalho em equipe.

O propósito deste livro é ajudar a compreender como a combinação desses três atributos simples poderá acelerar o processo de implantação do conceito de trabalho em equipe na sua organização ou na sua vida, de modo que você possa se beneficiar das extraordinárias vantagens que isso proporciona.

Espero que tenha sucesso nesta empreitada. Boa leitura!

A Fábula

Parte um

A situação

Basta

Depois de duas décadas, Jeff Shanley já havia padecido o suficiente no Vale do Silício. Longas jornadas de trabalho. Trânsito. Arrogância. Era hora de mudar.

Na verdade, Jeff não estava cansado do trabalho propriamente dito. Tinha uma carreira interessante e bem-sucedida. Após trabalhar com high-tech marketing, aos 35 anos tornou-se um dos fundadores de uma start-up no ramo de tecnologia. Dois anos depois, teve a sorte de ser rebaixado de cargo quando o conselho administrativo decidiu contratar uma CEO mais experiente. Durante os quatro anos seguintes, a nova CEO, Kathryn Petersen, ensinou a Jeff mais sobre liderança, trabalho em equipe e negócios do que ele teria aprendido em 10 anos de faculdade.

Quando Kathryn se aposentou, Jeff também saiu da empresa e passou algum tempo em uma firma de consultoria em Half Moon Bay, nas montanhas ao redor do Vale do Silício. Prosperou e estava prestes a se tornar um dos sócios da empresa. Mas ele e sua esposa se cansaram de manter as aparências e tentar competir com os Jones, seus vizinhos no luxuoso condomínio onde moravam.

Jeff estava pronto para uma mudança. Mas ainda não sabia para onde ir e o que fazer em seguida. Uma coisa era certa: ele não esperava que a resposta viesse na forma de um telefonema de seu tio Bob.

Bob

Por três décadas, Robert Shanley foi o mais proeminente empresário da construção civil no Vale de Napa. Fosse uma vinícola, uma escola ou um shopping: se o projeto fosse em Napa havia grande chance de a construtora Valley Builders (VB) estar envolvida na obra.

Infelizmente para Bob, nenhum de seus filhos estava interessado em assumir a empresa, preferindo trabalhar na área de gastronomia, mercado financeiro e educação. Por isso Bob resolveu ligar para seu sobrinho e perguntar se ele conhecia alguém interessado em dirigir a companhia, já que planejava se aposentar dali a dois anos.

Não era a primeira vez que Bob pedia ajuda. Jeff havia assessorado o tio em algumas ocasiões, especialmente em uma consultoria que prestava ao conselho executivo um ano antes, em um importante projeto relacionado ao trabalho em equipe, um dos focos da construtora. Jeff concentrou seus esforços em criar uma cultura cooperativa mais eficiente no alto escalão da empresa.

Bob admirava o trabalho de Jeff e com frequência o elogiava em reuniões familiares, dizendo coisas do tipo "meu sobrinho é meu melhor conselheiro". Isso provocava certo deboche de seus primos, que fingiam se ressentir do favoritismo paterno.

Bob tinha muita consideração por Jeff e não esperava que o ambicioso e bem-sucedido sobrinho do mundo da tecnologia se

interessasse em trabalhar numa empresa de construção civil. Por essa razão, ele ficou chocado quando Jeff perguntou:
– Você consideraria alguém sem experiência no setor? Por exemplo... alguém como eu?

Transição

Em um mês, Jeff e Maurine Shanley venderam sua pequena casa em San Mateo e, com duas crianças e um cachorro, se mudaram para o norte de Napa – a cidade, não o vale. O novo percurso de Jeff até o escritório levava no máximo sete minutos.

Foi durante esse percurso que Jeff começou a sentir uma espécie de remorso. Embora o aspecto doméstico de sua decisão estivesse indo bem, aprender as nuances do setor de construção civil vinha se tornando um desafio maior do que ele havia previsto. Ou, mais precisamente, o problema estava na falta de nuances.

Tudo que se referia a construção parecia se reduzir a questões físicas e materiais. Já não havia debates teóricos nem planejamento utópico. Jeff aprendia sobre assuntos concretos que iam do ar-condicionado à madeira e, claro, ao concreto.

Porém não demorou muito para que ele não apenas se acostumasse ao novo modo de trabalho, como também começasse a preferi-lo. Conversas diretas sobre assuntos palpáveis podem ser menos sofisticadas que as do mundo high-tech, mas são mais gratificantes. E ele estava aprendendo mais do que imaginara com seu tio, que não tinha diploma universitário, embora parecesse ter uma compreensão de negócios superior à de muitos CEOs com quem Jeff trabalhara.

Após oito meses de observação e aprendizado, Jeff chegou à conclusão de que a mudança para Napa fora a coisa certa a fazer e que o estresse de sua vida no Vale do Silício ficara no passado.

Ele estava enganado.

Parte dois

Diagnóstico

As manhas

Bob Shanley nunca fora uma pessoa cautelosa – uma das razões pelas quais sua empresa era tão bem-sucedida. Sempre esteve determinado a crescer, mesmo quando outros se comportavam de maneira mais comedida. Exceto nas ocasionais e inevitáveis situações de crise econômica, a maioria das decisões de Bob rendeu vantagens significativas.

Sua firma tinha mais de 200 funcionários e era uma das maiores empregadoras da região. Desde os serventes iniciantes até os engenheiros e arquitetos, todos eram bem remunerados e tinham benefícios generosos, algo importante para Bob. Embora as gratificações anuais variassem de acordo com o cenário econômico da região e com a capacidade de desenvolver novos projetos, nenhum trabalhador da Valley Builders tinha a sensação de ser mal pago.

Os funcionários não eram as únicas pessoas que dependiam do sucesso financeiro da construtora. Um pequeno grupo de membros da família, a quem Bob chamava de acionistas privados, tinha participação na empresa. Entre eles, a esposa e os filhos, bem como os irmãos, que o haviam ajudado a iniciar o negócio três décadas antes. Um desses irmãos era o pai de Jeff, que tinha usado esses ganhos para se aposentar.

Nos primeiros meses, Jeff se concentrou quase exclusivamente em aprender como o trabalho de construção era executado, estudando as operações diárias de finanças e estratégia, desde compra de materiais e cronogramas até alvarás e custos trabalhistas. Bob decidiu esperar alguns meses antes de falar no planejamento de longo prazo relativo à saúde financeira e a novas oportunidades. Embora Jeff tivesse perguntado sobre essas questões, Bob lhe havia assegurado que tratariam dessa parte do negócio assim que o sobrinho estivesse mais familiarizado com as operações regulares da indústria da construção.

Jeff não tinha ideia de quando essa conversa aconteceria nem quão surpreendente seria. Na realidade, Bob também não.

Revelação

Tão logo se acomodaram numa fina churrascaria perto do rio Napa, Bob foi direto ao assunto.

– O negócio é o seguinte: estou extremamente feliz por tê-lo contratado. Você tem sido um presente para mim e para a empresa.

Jeff ficou lisonjeado com o comentário, especialmente porque vinha de um membro de sua família. Mas também percebeu que seu tio tinha mais a dizer.

– Decidi que não vou esperar um ano para colocar você no comando. Quero fazer isso logo.

Surpreso com a notícia, Jeff reagiu:

– Epa! Acho que não deveríamos nos precipitar...

Com um sorriso, Bob o interrompeu:

– Não me diga que não está pronto, porque isso eu já sei.

Jeff ficou confuso.

– Eu não quero você pronto, Jeff. Quero você entusiasmado. E um pouco nervoso. Será bom para você.

Parecia haver algo errado naquela conversa.

– Bem, acho que tenho estado bastante entusiasmado nos últimos seis meses. Por que nós simplesmente não...

– Porque não podemos – interveio Bob. Após um breve silêncio, suas palavras saíram com dificuldade: – Jeff, meu médico disse que eu tenho um sério problema cardíaco do qual não vou me recuperar. Na realidade, não consegui entender quase nada do que ele disse, algo sobre isquemia e angina. Tudo o que sei é que necessito de uma cirurgia e que minha vida precisa mudar. Imediatamente.

Nesse momento foram interrompidos pela garçonete, que chegou para anotar o pedido. Bob pediu uma salada sem tempero e um copo de água. Em seguida, provocou Jeff:
– Se você não pedir uma boa carne, vou pegar no seu pé.

Jeff sorriu e escolheu uma picanha. Assim que a garçonete se afastou, ele perguntou:
– Você vai ficar bom?
– Caso a cirurgia seja bem-sucedida e eu siga as recomendações do médico, sim. – Bob fez uma pausa. – Não acredito no que acabei de dizer. Ainda estou em choque só de pensar que não irei trabalhar na semana que vem. Mas tenho que me afastar, porque não consigo fazer as coisas pela metade.
– Quando é a cirurgia?
– Daqui a uma semana, a não ser que algo mude e eu possa ser operado antes.

Jeff estava atordoado.

Embora mantivesse a segurança e o bom humor característicos, estava claro que Bob vinha encarando tudo aquilo com seriedade.
– Sinceramente, Jeff, não sei o que faríamos se não o tivéssemos contratado.

Jeff assentiu, feliz pela confiança, mas incomodado com a situação, que ainda iria piorar.

Quando chove

Jeff resolveu entrar em detalhes.

– Bem, detesto fazer isto neste momento, mas acho que devemos conversar sobre finanças e outras questões de longo prazo.

Bob concordou e tirou seu notebook de uma pasta.

– Acho que tenho aqui tudo de que você precisa.

Como conhecia bem o tio, Jeff começou a desconfiar que algo mais estava errado e tentou sondar:

– Pelo que sei, a empresa tem uma boa situação.

Soava mais como uma pergunta do que como uma afirmação.

Bob sorriu da mesma maneira que costumava fazer quando garantia aos filhos que não iria jogá-los na piscina imediatamente antes de fazê-lo.

– Sem dúvida. – Seu tom não inspirava confiança. – Mas precisamos falar sobre alguns novos desafios e oportunidades.

Embora preocupado, Jeff riu alto.

– Acho que não vou gostar do que vou ouvir.

– Ah, você não vai ter problemas. É assim que as coisas funcionam no nosso ramo.

A garçonete trouxe água para Bob e uma cerveja para Jeff.

– Então, a que tipo de desafios e oportunidades você está se referindo? – perguntou Jeff.

Bob parou de remexer na pasta e olhou para Jeff com uma estranha mistura de animação e preocupação.

– Jeff, acabamos de ganhar dois grandes projetos. – Após uma breve pausa para seu sobrinho assimilar a informação, continuou: – Estou muito entusiasmado. O Hospital Queen of the Valley, que mencionei algumas semanas atrás, foi aprovado. E ontem assinei o contrato para a proposta do novo hotel em Santa Helena.

Ele parou, abriu um largo sorriso, embora um pouco forçado, e avisou:

– Vamos construir ambos.

Jeff ficou confuso.

– Essas notícias são boas, não são?

– São fantásticas – disse Bob, num tom não tão fantástico assim.

– Quando foi a última vez que você se comprometeu com dois projetos dessa magnitude ao mesmo tempo? – Jeff estava curioso para saber.

Bob hesitou, encarou seu copo d'água por um momento e depois disse:

– Esse é o problema: nunca encaramos dois megaprojetos como esses ao mesmo tempo. Na realidade, cada um é tão grande quanto os maiores que já realizamos.

Qualquer resquício de sorriso que ainda havia no rosto de Jeff desapareceu. E ele ainda não havia recebido a pior notícia.

Comprometido

Jeff respirou fundo e respondeu:
— Ok, eu sei que isso não é fácil de escutar, e a última coisa que quero é estressá-lo ainda mais, Bob. Mas não é melhor nos concentrarmos em um dos projetos e desistirmos do outro? O desafio já seria enorme mesmo com você no comando, mas, com alguém novo e inexperiente como eu, isso pode acabar em desastre.

Bob tomou um gole d'água.
— Eu entendo.

Jeff tentou se tranquilizar, mas sentiu que outra notícia estava por vir quando seu tio sorriu com certa hesitação.

— O problema é que por causa de algumas questões contratuais com o hospital, perderemos muito dinheiro se desistirmos. E já recebemos a primeira parcela do hotel. Parte desse montante está sendo usada para terminar o shopping em Oak Ridge.

Jeff começou a sentir um calor desagradável. Ele tomou um longo gole de sua cerveja.

— Então é um problema de fluxo de caixa? É assim tão grande que não podemos desistir?

Bob concordou.
— Exato, a firma iria quebrar. — Seu sorriso reapareceu. — Mas, assim que iniciarmos esses projetos, tudo estará resolvido.

De repente, Jeff já não admirava tanto o tio.

Bob tentou animá-lo.

– Você vai conseguir resolver esse pepino, Jeff. É mais esperto do que eu, é mais jovem e terá ajuda suficiente.

Jeff mudou o tom de voz.

– Quanto tempo faz que isso tudo aconteceu? – indagou, com certa recriminação.

– Bem, como eu lhe disse: o acordo para o hotel saiu ontem, e o hospital...

– Não, me refiro ao médico – interrompeu Jeff.

Bob pareceu desconcertado.

– Bem, foi ontem à tarde. Fui fazer alguns exames porque nos últimos dias estava sentindo uma pequena dor. – Seus olhos se arregalaram quando percebeu o que estava por trás das palavras de Jeff. – Você não está achando que eu já sabia e que planejei tudo isso, né? Eu não faria isso com você, Jeff.

Sua voz começou a ficar embargada.

– Se eu tivesse a menor suspeita de que me aposentaria tão depressa, jamais teria aceitado os projetos e colocado você nessa situação.

Jeff se sentiu mal pelo tio e por ter desconfiado dele. Ainda assim, não pôde evitar a pergunta seguinte:

– Então você *não* acha que eu seja capaz de resolver esse problema?

– Não, não foi isso que eu quis dizer. Eu apenas não colocaria você nessa situação de propósito. Isso não quer dizer que você não seja perfeitamente capaz de lidar com o que está por vir. Poderá contratar outras pessoas, é apenas uma questão de grandeza. Tudo vai dar certo.

Jeff gostaria que seu tio tivesse razão, mas não estava assim tão convencido.

O MERGULHO

Jeff resolveu não terminar sua cerveja. Ele entendeu que precisaria voltar ao trabalho e se concentrar pelo restante do dia e, provavelmente, parte da noite.

Bob disse ao sobrinho que já havia informado seus dois funcionários mais antigos sobre a mudança iminente e aconselhou Jeff a conversar com eles logo após o almoço. Ele concordou e perguntou se teria total liberdade para administrar a empresa.

Bob lhe assegurou que sim.

– Sem qualquer limite ou restrição. E pode começar imediatamente.

Feliz por ter essa garantia, Jeff passou o restante da refeição conversando com o tio sobre sua saúde e sua família. Não tocaram mais no assunto. Ao final do almoço, levantando-se para sair, ele se desculpou por ter questionado as intenções de Bob.

– Não culpo você – respondeu o tio. – Eu teria presumido o mesmo.

De repente, Bob sorriu e olhou para Jeff atentamente.

– Sabe de uma coisa? O pior de tudo isso é que não vou poder trabalhar com você. – Ele fez uma pausa para conter a emoção. – Não tinha comentado ainda, mas fiquei mais animado nos últimos dois meses do que em anos.

Jeff abraçou o irmão de seu pai com carinho, sem a formalidade dos encontros de negócios, e saiu do restaurante com o coração apertado.

No caminho de volta para o escritório, ligou para os dois executivos com os quais trabalharia diretamente e agendou uma reunião para aquela tarde. Uma das razões que o faziam ter grandes esperanças para seu futuro na construtora era a confiança nos dois funcionários de longa data, Clare Massick e Bobby Brady.

Clare era uma mulher loura e alta, alguns anos mais jovem do que Jeff, que dirigia toda a parte administrativa, inclusive as áreas financeira, jurídica e de RH. Ela tinha sido a única executiva de recursos humanos a trabalhar na empresa, contratada a contragosto sete anos antes, depois que o advogado pessoal de Bob o convenceu que, do ponto de vista jurídico, seria um risco para a firma não ter um departamento de RH. Bob insistiu em encontrar alguém que não apenas concordasse com a filosofia da empresa, mas que também tivesse interesse em construção civil. Conforme explicou aos candidatos que entrevistou, "eu não quero um ativista que abrace árvores e odeie negócios vindo aqui estragar a nossa cultura".

Muitos candidatos abandonaram o processo, mas Clare, ao ouvir essas palavras, teve a sensação de que se encaixaria naquele lugar. Filha de pai militar e mãe professora de dança, ela estava com dificuldades para encontrar seu caminho depois da faculdade. Fascinada por psicologia e negócios, mas não o suficiente para seguir carreira em apenas um desses campos, ela intuiu que a área de recursos humanos poderia lhe fornecer a combinação certa.

Seus primeiros anos no setor antes de ingressar na VB tinham sido horríveis: uma mistura de burocracia protocolar com workshops alternativos. Clare estava inclinada a trocar de profissão quando soube da vaga. Bastaram 20 minutos de conversa com Bob Shanley para que mudasse de ideia.

Jeff tinha conhecido Clare havia pouco tempo, na ocasião das consultorias sobre trabalho em equipe. Durante os encontros que teve com a liderança executiva, ele logo entendeu por que Bob gostava tanto dela e a razão de ter colocado tamanha responsabilidade em suas mãos. Felizmente, ela pareceu satisfeita quando Jeff se juntou à empresa, e ele deduziu que seriam bons parceiros de trabalho.

Bobby Brady, um sorridente cinquentão corpulento e levemente grisalho, era o chefe de todas as operações de campo da empresa. Ele dera provas de sua boa índole 11 anos antes, quando fora contratado e seus colegas concluíram que seria muito confuso ter dois Bobs na equipe de liderança. Então, em um momento de crueldade quase infantil, começaram a chamá-lo de Bobby, sabendo muito bem que esse também era o nome do personagem mais jovem do Brady Bunch, uma das séries mais populares da televisão americana.

Bob – ou Bobby – aceitou o apelido com inesperado bom humor, imaginando que a brincadeira seria esquecida em pouco tempo. Para sua surpresa, ele logo se acostumou e descobriu que a nova identidade o ajudava nos relacionamentos com empreiteiros e fornecedores, que sentiam certo prazer em implicar com ele.

Sem dúvida, o fato de Bobby conhecer profundamente o ramo da construção civil também ajudou. Ele cultivou uma sólida reputação por ser honesto, diligente e cumpridor de prazos, algo que o diferenciava de muitos de seus colegas no setor.

Jeff estava muito curioso para saber o que os dois pensavam do novo arranjo. Ficaria surpreso com a reação deles.

Drama

Quando Jeff chegou, Clare e Bobby já estavam no escritório de seu tio, uma sala despretensiosa que Bob se recusava a modernizar ou decorar desde que a empresa fora fundada. Sua esposa a apelidou de "construção anos 1970", o que, aliás, combinava perfeitamente com ele.

Bobby estava sentado atrás da grande mesa de madeira e parecia infeliz.

– Sente-se, Jeff – disse, mais parecendo uma ordem.

Clare foi a primeira a falar:

– Jeff, acho que você já sabe que não somos o tipo de pessoa que sorri e depois fala mal pelas costas. Então, vamos ser francos, quer você goste ou não.

Antes que Jeff pudesse responder, Bobby tomou a palavra:

– A realidade é que não estamos muito satisfeitos com o fato de você ser o nosso novo chefe.

Jeff congelou. Mais tarde, ele contaria à esposa que se sentiu como se estivesse em uma cena de um filme ruim.

Bobby fez uma pausa antes de continuar:

– Eu trabalhei obstinadamente, por mais de uma década, para o seu tio folgado, e como ele me recompensa? Oferecendo o cargo principal para o sobrinho?

Jeff ficou atordoado e olhou para Clare, tentando entender se ela compartilhava de seu choque. Aparentemente não, porque ela apenas olhou de volta para ele, que tentou se defender:

– Ouçam, eu não esperava...

Bobby o interrompeu:

– Não estou nem aí. Você veio para cá sabendo que tinha uma vantagem. Quando contratou você, Bob sabia muito bem que sairia logo.

– Não, ele disse que só esteve ontem com o médico e que ele...

Foi a vez de Clare intervir:

– Vamos, Jeff. Você acha que nascemos ontem?

Parecia que Clare tinha mais a dizer, mas de repente ela parou, se levantou e caminhou em direção à janela.

Bobby olhou para Clare com uma mistura de preocupação e decepção. E continuou, de maneira mais enfática:

– Então, o negócio é o seguinte: se você vai ser o chefe, nós estamos fora.

Jeff ficou zonzo. Sem palavras.

Por mais zangado que parecesse, Bobby não parava de olhar na direção de Clare.

Jeff se virou e percebeu que Clare estava tremendo.

– *Ela está chorando?* – perguntou.

– Boa sorte em gerir este lugar sozinho, meu caro. – Bobby se levantou e começou a andar em direção à porta. – Vamos, Clare!

Nesse momento, Clare pareceu ceder. Ela cobriu o rosto com as mãos, enquanto tremia com mais intensidade.

Jeff ficou ainda mais confuso.

Foi então que Clare emitiu um som estranho. Ela estava tentando segurar uma risada.

– Pô, Clare! – bradou Bobby para a colega.

Ela se virou para Bobby e começou a rir.

– Me desculpe, eu simplesmente não consigo.

– Você estragou tudo! Ele estava caindo direitinho! – exclamou Bobby, balançando a cabeça.

Finalmente, Jeff começou a entender a brincadeira de que tinha sido vítima.

– Miseráveis!

A indignação de Jeff foi atenuada por seu alívio. Sorrindo, ele pegou uma garrafa de água na mesa à sua frente e atirou-a na direção de Bobby, que a pegou.

– Admita, você caiu feito um patinho – provocou Bobby.

– Me desculpe, Jeff – implorou Clare a seu novo chefe. – Ele me obrigou a fazer isso.

– Então, acho que você vai ter que lidar com sua própria rescisão... – retrucou Jeff.

Ela estremeceu.

– Bob vai ficar chateado quando souber disso.

– Não, não se preocupe – rebateu Bobby. – Ele vai adorar.

Jeff concordou:

– Vai mesmo, meu tio é um brincalhão.

Humor ácido

Clare tentou abrandar a situação.
– Por que estamos rindo? Afinal, estamos todos ferrados.

Isso os fez rir ainda mais, ao menos por um momento, até que a gravidade da situação se instalou.

Jeff lembrou que as circunstâncias eram um pouco sombrias, dada a condição de saúde do tio.
– Vocês acham que ele vai sair dessa?

De repente, Clare ficar com a consciência pesada.
– Acho que sim. Conte a ele o que você me disse, Bobby.

– Meu irmão teve o mesmo diagnóstico há alguns anos e passou pela mesma cirurgia. O risco não é tão alto, desde que Bob mude a alimentação e o estilo de vida. – Bobby fez uma pausa para Jeff digerir a informação. – Ele vai ficar bem.

Esperançoso pelo otimismo em relação a seu tio, Jeff sentiu que também precisava de um pouco daquele sentimento.
– Então existe um fundo de verdade no que vocês estavam dizendo? Vocês acham que um dos dois deveria ficar com meu cargo?

Jeff gostou que Bobby respondeu primeiro:
– Você está brincando? Se Bob tivesse me nomeado CEO, eu teria recusado. Eu sei do que sou capaz – disse, olhando ao redor. – Meu negócio é a execução de operações.

Clare continuou:
– E, por mais que eu goste de orientar Bob, jamais me sentiria confortável na cadeira dele. A posição não é para mim.

— Entendo, mas como vocês se sentem sobre ser *eu* quem irá assumi-la?

— Bem, estaríamos mentindo se não admitíssemos que temos certa preocupação — disse Clare, com uma perfeita combinação de franqueza e compaixão.

— É verdade — concordou Bobby. — Estamos tão preocupados quanto você, meu caro. Mas não porque tenhamos outra pessoa em mente, uma alternativa mais adequada. Dada a loucura da circunstância, você é nossa melhor opção.

— Por que diz isso?

— Porque precisamos de alguém que conhecemos e em quem confiamos — respondeu Clare. — Não há nenhum herói por aí que poderia chegar e pôr tudo para funcionar. E mais: você tem um envolvimento pessoal, é da família.

— Além disso, você não é nenhuma besta quadrada — anunciou Bobby, sem um pingo de humor. — É um garoto que sabe escutar. Você entende o que queremos dizer.

Jeff jamais poderia ter imaginado que as palavras "você não é nenhuma besta quadrada" poderiam ser tão reconfortantes. Ou que ele ainda seria considerado um garoto aos 40 anos.

— Ok, agradeço os elogios. Mas tenho que fazer a pergunta mais importante. — Ele fez uma pausa dramática. — Vocês estão prontos para me aceitar como líder da empresa? E como o novo chefe?

Clare e Bobby se entreolharam e se voltaram para Jeff.

— Lógico — declarou Bobby.

— Claro que sim! — exclamou Clare.

Jeff se sentiu aliviado.

— Ok. Jantamos hoje à noite?

A PRIMEIRA REUNIÃO

Em uma grande mesa nos fundos do restaurante mexicano Maria's, perto do escritório, Jeff e seus dois executivos afastaram pratos e talheres, abrindo espaço para a papelada. Considerando que era dia de semana – e que a comida no Maria's não era assim tão boa –, eles tinham grande parte do espaço para trabalhar sem preocupação.

– Bem, vamos evitar entrar em muitos detalhes por enquanto. Primeiro, precisamos apenas identificar os pontos fundamentais para que tudo funcione bem. – Bobby e Clare não responderam de imediato, então Jeff continuou: – Estou falando sobre categorias gerais. Financiamento, mão de obra, material.

Nesse momento, os dois assentiram e quase em uníssono disseram:

– Mão de obra.

Jeff fez um gesto para que explicassem e Bobby continuou:

– Precisamos de mais umas... – ele fez algumas contas rápidas de cabeça – ... 60 pessoas nos próximos dois meses.

Bobby olhou para Clare, esperando uma confirmação. Ela suspirou, concordando.

– De que tipo de profissionais estamos falando? – quis saber Jeff. – Serventes? Gerentes de projeto? Mestres de obras?

– Isso – respondeu Bobby, sério. – Tudo isso.

Clare acrescentou:

– Mas há quatro contratações essenciais que temos que priorizar. Um gerente de projeto para o hospital, dois mestres de obras e um engenheiro sênior.

– Três mestres de obras – corrigiu Bobby.

– Ok, talvez três mestres de obras. E ainda vamos precisar de meia dúzia de supervisores e cerca de 50 operários de todas as especialidades. – Ela balançou a cabeça, como se ainda não tivesse percebido a gravidade da situação até revisar a lista. – Isso é loucura!

Jeff anotou os números num caderninho.

Eles passaram a meia hora seguinte falando sobre os cargos específicos para os quais precisariam contratar e como os distribuiriam. Jeff decidiu que estava na hora de prosseguir:

– Então, o que mais, além das contratações?

Por quase duas horas os três revisaram todos os detalhes dos dois megaprojetos, desde licenças e cronogramas até design e materiais.

Jeff, que achava ter aprendido muito em seus primeiros 60 dias de trabalho, depois admitiria que aprendeu mais durante aquelas três horas no Maria's do que nos dois meses anteriores. Foi como um intensivo em gestão de construção, inspirado por uma sensação de urgência. E medo.

Às nove horas da noite ele decidiu encerrar a reunião.

– Não vamos nos esgotar na primeira etapa dessa maratona.

Os três concordaram em se encontrar na tarde seguinte, assim que Bobby voltasse das obras em Oak Ridge, um problemático projeto de shopping que a firma estava tentando terminar.

Recarregando

No caminho para casa, Jeff ligou para Ben, filho mais novo de Bob. Ele sempre foi o primo predileto de Jeff, pelo mesmo motivo que Bob era seu tio favorito. Ben tinha herdado a personalidade efusiva do pai, mas não sua circunferência.

Ben era professor de história e treinador de basquete em uma escola de ensino médio no Vale de Santa Helena. Embora tivesse acabado de completar 40 anos, ele já havia se tornado uma espécie de treinador lendário, liderando equipes cujo talento, por si só, não justificava as vitórias alcançadas.

Jeff resolveu que não falaria sobre os negócios, procurando não ser insensível.

– Como você está em relação à situação de seu pai?

Ben não pareceu muito preocupado.

– Estou bem otimista porque ele descobriu a doença cedo. O médico disse que ele vai ficar bom, desde que pare de comer porcarias e elimine o estresse do trabalho. Para ser franco, estou mais preocupado com você.

– Comigo? – perguntou Jeff, genuinamente surpreso.

– Sim, com papai afastado, eu fiquei me perguntando como você está se sentindo. E o que acha que vai acontecer com a Valley Builders.

Por um momento, Jeff conjecturou se Ben estava mais preocupado com o primo ou com seus próprios interesses financeiros.

– Bom, não vai ser fácil, mas, depois do encontro que tive com

Clare e Bobby hoje à noite, acho que vamos resolver a situação – revelou, tentando demonstrar mais confiança do que de fato sentia.

– Eu gostaria de poder ajudar – disse Ben, parecendo sincero.

– Estou aceitando toda a ajuda que vier. Você tem alguma opinião ou ideia sobre a empresa?

– Confesso que nem sei direito o que papai faz. Eu queria saber mais. Mas, se você for montar um time de basquete na empresa, conte comigo.

Jeff riu.

– Combinado. Ei, se houver alguma coisa que eu possa fazer por seus pais, me avise.

– Legal. O principal é rezar por eles.

– Isso você sabe que eu vou fazer.

Ben sorriu.

– Obrigado por tudo que você está fazendo pelo papai. A empresa significa muito para a nossa família, e não só do ponto de vista financeiro.

– É claro – respondeu Jeff, fazendo o possível para não demonstrar sua ansiedade.

Os primos combinaram de tomar um café na semana seguinte, e a conversa terminou assim que Jeff chegou em casa.

Ele ainda não havia falado com a esposa, Maurine, desde o início do dia. Preferia contar as novidades pessoalmente. Maurine era uma fonte constante de lucidez e empatia, além de otimismo. Em geral, Jeff apreciava esse sentimento. Naquela noite, porém, ele ficou um pouco decepcionado por ela não parecer nem um pouco preocupada.

– Ainda que eu me sinta mal pelo Bob, acho que o trabalho em si será bom para você – explicou Maurine.

Jeff a olhou como se ela fosse maluca.

– Escute: eu adoro o fato de tudo aqui ser bem mais calmo, de seu trajeto para o escritório ser mais curto e termos mais tempo para nós. Mas você está precisando de um desafio. Você sempre precisou de desafios – esclareceu Maurine.

– Eu não sei – disse ele, respirando fundo. – Esse desafio parece ter um peso emocional maior.

Ela demonstrou certa surpresa.

– Você quer dizer por causa da família?

Ele assentiu.

– Nunca imaginei que meu sucesso no trabalho pudesse impactar o relacionamento com minha família. Caramba, se eu fracassar, até meu pai vai ficar sabendo.

Maurine discordou:

– Não seja bobo. Todos estão torcendo pelo seu sucesso. Ninguém espera um super-herói. Basta resolver um problema de cada vez.

Jeff queria continuar a discussão, mas sabia que ela estava certa. Pensar demais no aspecto geral da situação era complexo, seria mesmo mais fácil lidar com um problema de cada vez.

Por sorte, a primeira e mais importante questão seria o assunto principal de sua reunião do dia seguinte.

Complicações

Jeff resolveu desviar de seu trajeto para o trabalho e parou no canteiro de obras de Oak Ridge para encontrar Bobby e sua equipe. Quando chegou ao estacionamento, não viu o carro do executivo.

– Ele saiu há cinco minutos – avisou um funcionário da construtora.

Jeff decidiu percorrer o local, cumprimentando os trabalhadores apenas para ter uma noção melhor de quem eram. Não era a primeira vez que visitava uma obra da empresa – tinha o hábito de fazer isso algumas vezes por semana. Mas nunca tinha estado em Oak Ridge, principalmente porque o projeto estava quase no fim e oferecia poucas oportunidades de aprendizado em comparação com os empreendimentos em estágio inicial. Mas Jeff estava aprendendo coisas novas e tentando ver a obra pela perspectiva de CEO, mesmo que ninguém ali soubesse que ele era o novo chefe.

Quando voltou ao escritório, Bobby e Clare estavam sentados à mesa do tio Bob.

– Ei, eu pensei que você fosse passar a manhã em Oak Ridge – comentou Jeff com Bobby. – Acho que nos desencontramos por poucos minutos.

Clare levou seu notebook até Jeff e o colocou na frente dele.

– Você precisa ler este texto. Vamos enviá-lo hoje de manhã – explicou ela, um pouco triste.

Jeff ficou confuso. Ele se sentou e leu o e-mail que Bob havia escrito para os funcionários. Era uma comovente explicação de sua condição de saúde, sua afeição pela Valley Builders e o apreço pelas pessoas que trabalhavam lá, bem como sua tristeza por ter que se afastar. Em poucos instantes, Jeff ficou com os olhos cheios d'água. Bob também anunciou que se sentia muito satisfeito em nomear o sobrinho o novo líder da empresa, declarando ainda que Clare e Bobby haviam expressado sua confiança em Jeff, tanto como pessoa quanto como executivo.

Ao terminar, Jeff olhou para Bobby e Clare, que pareciam estar ao mesmo tempo melancólicos por Bob e preocupados com o futuro da empresa.

– Bob queria enviar um vídeo, mas achou que seria emotivo demais – explicou Clare.

– E caso você esteja se perguntando, ele estava dizendo a verdade sobre a nossa confiança em você – acrescentou Bobby, sem muita ênfase.

Jeff ficou sensibilizado, principalmente pela gratidão, mas também pressionado. Ele nunca esqueceria aquele momento.

Clare quebrou o silêncio.

– Ok, meninos. Precisamos começar a trabalhar. – Ela fez uma pausa e respirou fundo. – Então, o que está acontecendo em Oak Ridge, Bobby?

– Parece estar tudo tranquilo. É por isso que vim para cá mais cedo. Achei que deveríamos começar o mais rápido possível.

Jeff foi até sua mesa e abriu seu caderno.

– Tudo bem. Vamos falar sobre pessoal. – Ele olhou suas anotações. – Basicamente, temos oito semanas para contratar 60 pessoas.

Bobby se remexeu na cadeira.

– Opa, não diga oito semanas. Melhor pensar em dois meses,

parece mais tempo. – Em seguida, corrigiu seu chefe: – Além disso, são 80 pessoas.

Jeff ficou confuso, olhando para o caderno.

– Espere. Ontem à noite você disse 60.

Clare explicou:

– Dissemos que precisávamos de mais 60 pessoas para termos a equipe completa. Para isso, teremos que contratar pelo menos 80.

– Por quê?

– Porque vamos perder pelo menos 20 ao longo do caminho.

Jeff ficou chocado.

– Isso significa 33% de rotatividade.

– Também sabemos fazer conta, espertinho – provocou Bobby.

Jeff olhou para Clare.

– Isso é comum em construtoras? Nunca ouvi falar disso...

– Essa rotatividade não é incomum. Ainda assim, estamos melhor do que a maioria.

– Por quê?

– Porque somos um pouco mais exigentes com nossos funcionários em questão de comportamento. Bob não tolera pessoas que não se enquadram na cultura da empresa.

– Em termos de trabalho em equipe? – perguntou Jeff.

Clare e Bobby assentiram. Jeff resolveu deixar o assunto da rotatividade de lado por enquanto.

– Tudo bem – disse ele, suspirando –, onde encontraremos essas pessoas? Vamos começar com os serventes que carregam material e despejam cimento.

Clare objetou:

– Isso não é problema. Temos meios de disponibilizar e, se for necessário, preencher as vagas de nível inferior por meio de subcontratação e serviço temporário. O custo será mais alto, mas esse é o menor dos problemas no momento.

– E quanto ao mestre de obras e ao gerente de projeto?

– Bem, isso é um pouco mais difícil. Acabamos de perder dois mestres há poucos meses, então estamos meio atrasados.

– Sei... O que aconteceu?

– Oak Ridge está quase um mês atrás no cronograma, o que não é terrível, já que tivemos sérios problemas. Dois de nossos melhores mestres de obras pediram demissão por causa do ambiente tóxico.

Jeff ficou preocupado.

– Você não quer dizer literalmente tóxico...?

– Não, quero dizer clima pesado. Tínhamos uma gerente de projeto complicada lidando com uma parte do trabalho e alguns mestres de obras que eram meio teimosos. As coisas andaram feias por um bom tempo.

– Como assim?

Bobby interveio:

– Acusações mentirosas de todos os lados, principalmente sobre quem estava dando duro no trabalho e quem estava fazendo corpo mole.

– E a gerente de projeto complicada? O que ela fez?

– Nancy Morris. Ela tentou ignorar. Pediu a todos que se entendessem e fizessem seu trabalho. A situação só piorou.

– Alguém foi despedido? – quis saber Jeff.

– Bem – Bobby parecia um pouco envergonhado –, na verdade ninguém. Quando os dois mestres de obras se demitiram, não podíamos arriscar perder mais funcionários, mesmo que quiséssemos. Foi uma bagunça total.

Jeff tentou não ser crítico.

– Então o plano é manter essa gerente de projeto problemática, além do mestre de obras?

– Infelizmente, sim – respondeu Bobby. – Precisamos reter o máximo de pessoas possível.

Nesse momento, Jeff não conseguiu conter a frustração.

– Pelo visto, toda aquela história de trabalho em equipe que fizemos no ano passado não era sério, afinal.

Clare tentou se defender.

– Espere aí, isso não é justo. Bob sempre levou muito a sério, e nós também. Ele disse que preferiria vender a empresa a ter um monte de gente egocêntrica envolvida em politicagem por aqui.

Bobby acrescentou:

– Aquilo tudo não foi apenas um monte de cartazes e camisetas baratas que ganhamos, se é isso que você está insinuando. Levamos a sério todas aquelas sessões sobre confiança, conflito saudável e responsabilização. Só que ficamos sobrecarregados e falhamos em não estender esses conceitos para o restante da organização. A culpa provavelmente é minha, porque a maioria dessas pessoas fazia parte do meu grupo.

– Eu também devia ter percebido antes – admitiu Clare.

Jeff não estava convencido, mas tentou manter o foco.

– Para onde foram os dois mestres de obras? Os que se demitiram?

– Eles estão trabalhando no outro lado do vale – explicou Bobby. – Obras residenciais.

– E eles são bons mesmo? Quer dizer, podemos recontratá-los?

Bobby deu de ombros.

– Não tenho certeza.

Jeff franziu a testa.

– Não tem certeza se eles são bons?

Bobby balançou a cabeça.

– Não, eu não sei se podemos recontratá-los. Sobre serem bons, acho que depende do que você entende por bom.

– Bem, que tal em termos de trabalho em equipe? – perguntou Jeff, olhando para Clare.

Ela deu de ombros.

– Depende de para quem você vai perguntar, mas eu acho que são consistentes.

Jeff ficou preocupado com a falta de clareza de seus colegas. E decidiu que não podia se dar ao luxo de esconder suas opiniões naquele momento.

O MARTELO

— Bom, vou ser sincero, se vocês me permitirem.
Jeff estava se esforçando para ser delicado.
Bobby e Clare se entreolharam com certa preocupação e aquiesceram.
— Vocês, junto com Bob, realmente falharam na proposta de trabalho em equipe.
Eles não se defenderam, então Jeff continuou, voltando-se para Bobby:
— Você disse que não se tratava apenas de cartazes e camisetas baratas. Então, se tratava de quê? — Antes que Bobby pudesse responder, continuou: — Você parece não saber o que está dizendo quando se refere a parceiros de equipe. Portanto, não sabe o que precisa mudar, quem deve ir embora e quem deve ficar.
— Nós não dissemos... — Clare começou a explicar, mas Jeff não permitiu.
— Ah, espere, esqueci. — Jeff estava tentando mostrar sarcasmo, mas sem ser rude. — Você descreveu bem. A pessoa só não pode ser uma besta quadrada.
Eles riram de nervoso. Passado um momento, Bobby disse algo surpreendente:
— Na verdade, acho que você tem razão. Chame-os de bestas quadradas ou imbecis, seja qual for o caso, é assim que eu penso.
Jeff sorriu.

– Vamos ficar com esses por enquanto. Então, como você reconhece uma besta quadrada? E como evita contratá-las?

Clare respondeu primeiro:

– Trabalhando com ela por algum tempo.

Jeff balançou a cabeça.

– Sim, mas aí é tarde demais. E você sabe o que acontece quando você a mantém por mais tempo do que deveria?

Eles não reagiram, então Jeff respondeu:

– Os não bestas começam a ir embora.

Foi como um soco no estômago de Bobby, porque sua expressão era de dor. Olhando para Clare, Bobby declarou:

– Foi exatamente isso que aconteceu com Carl e Pedro.

Clare explicou a Jeff.

– São os dois mestres de obras que perdemos. Não conheci Carl bem, mas Pedro, definitivamente, não era nenhuma besta. Agora, sobre Nancy e outros em sua equipe, não tenho muita certeza.

– Vocês entendem o problema, certo?

Eles assentiram, e Clare fez uma sugestão sarcástica.

– É, talvez nosso novo slogan devesse ser: "Não é permitida a entrada de bestas." Aliás, isso daria um ótimo cartaz.

Bobby pegou sua caneta e começou a escrever.

– Perfeito. Deixem que eu faço o cartaz.

Ignorando o humor de seu colega, Clare teve um insight.

– Sabe, sempre contamos com a opinião de Bob sobre quem se encaixaria no perfil da empresa. Ele tem um jeito único de avaliar as pessoas. Mesmo assim, não consegue acertar sempre. E mais: nem sempre é possível para ele entrevistar e decidir sobre cada candidato em todas as contratações. Acho que foi aí que o processo falhou.

Jeff pareceu subitamente animado.

– Bem, acho que é hora de melhorarmos isso. Precisamos parar de contratar pessoas que não se ajustam à equipe. Temos que descobrir quantos "intrusos" estão trabalhando aqui e, em seguida, fazer com que eles mudem seu comportamento ou se demitam.

Ele fez uma pausa e olhou para suas anotações.

– Porque, se não pudermos fazer isso, não vejo como seremos capazes de construir um hotel e uma nova ala de hospital nos próximos 18 meses. – Ele fez uma pausa e respirou fundo. – Por mais que eu odeie dizer isso, se não for possível, então realmente não sei como manteremos a Valley Builders competitiva.

Pesquisa

Jeff disse a Clare e Bobby que iria retornar a Oak Ridge durante o horário de almoço para tentar "entender a situação com um olhar fresco". No caminho, ligou para o primo Ben.

– Ei, lembra quando eu disse que deveríamos tomar um café na semana que vem? – Jeff não o deixou responder. – Em vez de esperar tanto, que tal hoje à tarde?

Ben o provocou.

– Você está com saudades, não é?

– Você sabe que sim. E talvez eu possa lhe fazer algumas perguntas.

– Sobre a empresa?

– Mais ou menos. Mas não exatamente. Explico quando nos encontrarmos.

– Três e meia, pode ser?

– Que tal às quatro? Eu tenho que ficar no escritório até as três e meia.

– Vejo você no Starbucks. Aquele ao lado do restaurante A&W, perto da rodovia.

Quando desligou, ele estava chegando ao novo centro comercial Oak Ridge. "Incrível como aqui tudo é perto", pensou.

Como os trabalhadores da construtora começam o expediente mais cedo do que o normal, eles também almoçam mais cedo. Pouco depois do meio-dia, todos já estavam de volta ao trabalho. Jeff foi até onde estava instalado o trailer que servia de escritório para ver quem encontraria. Nancy Morris estava sentada numa mesa improvisada no canto do trailer quase vazio, examinando alguns papéis.

– Com licença – interrompeu Jeff.

Nancy ergueu os olhos, mas não disse nada.

– Olá, eu sou Jeff.

Ela respondeu como se ele fosse um vendedor de cimento.

– Sim, eu sei. Já nos encontramos uma vez no escritório. Entre.

Ela apontou para uma cadeira dobrável do outro lado de sua mesa, sem qualquer intenção de sorrir.

– Acho que devo parabenizá-lo por sua promoção.

– Bem, gostaria que fosse em circunstâncias diferentes, mas obrigado.

– Como posso ajudá-lo? – perguntou Nancy, sem emoção.

"Eu só estava aqui pensando e me perguntando se você é uma besta quadrada."

Jeff não disse essas palavras, mas foi o que pensou. Em vez disso, decidiu adotar uma abordagem mais sutil.

– Como vão as coisas por aqui?

Nancy continuou olhando seus papéis enquanto respondia.

– Depende do que você quer saber.

Jeff ficou um pouco surpreso com a rispidez dela e se sentiu intimidado de uma maneira que nunca havia experimentado na época em que esteve no mundo da tecnologia.

Nancy era atraente, tinha a idade de Jeff e era quase 30 centímetros mais baixa do que ele. Mesmo assim, Jeff imaginou que ela provavelmente poderia vencê-lo em uma briga. Não era uma questão de tamanho ou de força aparente, e sim a atitude – uma mistura de resistência e autoconfiança.

Jeff sabia que não era hora de mostrar fragilidade.

– Bem, para começar, você está confiante de que seremos capazes de cumprir o novo prazo?

– Minha parte da obra está dentro do cronograma, mas você terá que perguntar a Craig. Ele é o outro gerente de projeto e está cuidando da área de construção pesada.

– Então você não sabe o que está acontecendo com o setor de Craig?

Ela balançou a cabeça.

– Na verdade, não. Não o tenho visto muito ultimamente.

Jeff não desejava entrar nessa discussão, mas não quis perder a oportunidade.

– Nancy, me parece que você deveria saber o que acontece com o projeto inteiro. Se perdermos outro prazo, não vai importar qual foi o departamento que atrasou.

Nancy ergueu os olhos e respirou fundo.

– Sabe, Craig nem me convida mais para as reuniões. Então, eu apenas mantenho a calma, trabalho sem parar e deixo as coisas rolarem. Eu gostaria de terminar o projeto dentro do prazo, mas não tem sido fácil e ficarei feliz quando tudo acabar. Lamento se parece inconveniente, mas essa é a minha realidade.

Em parte Jeff admirou a sinceridade de Nancy, mas ao mesmo tempo ficou com a sensação de que ela estava apenas sendo rude.

– Você sabe onde posso encontrar Craig?

Ela balançou a cabeça.

– Não. Mas, se tivesse que adivinhar, diria que ele está na entrada principal do estacionamento. Eu o vi por lá cerca de uma hora atrás.

Jeff saiu, sabendo que em algum momento teria que resolver os problemas de Nancy. Ele não estava ansioso para esse dia chegar.

Dois lados

Jeff conhecia Craig porque seus filhos estudavam na mesma escola, e os dois até haviam tomado uma cerveja juntos num evento da Paróquia de Santa Maria algumas semanas antes.

Craig viu Jeff caminhando em sua direção e se afastou dos trabalhadores com quem estava conversando.

– Bem, duas visitas no mesmo dia – disse ele, sorrindo. – Tudo certo?

Jeff ficou satisfeito por Craig parecer feliz em vê-lo.

– Sim, está tudo bem. Só queria saber como andam as coisas. – De repente, decidindo ser mais direto, Jeff corrigiu: – Ou, na verdade, talvez as coisas não estejam tão bem, eu não sei.

Craig olhou preocupado.

– Como eu posso ajudar?

– Eu estava conversando com Nancy e parece que vocês estão tendo alguns problemas.

Antes que Craig pudesse responder, Jeff continuou:

– Além disso, estou sabendo sobre os dois mestres de obras que pediram demissão alguns meses atrás. Bobby me contou a história por alto. Fiquei curioso para saber a sua opinião e também perguntar por que você e Nancy não estão se entendendo.

Craig franziu a testa.

– Você quer que eu seja franco?

– Alguém já pediu que não fosse?

– Acho que não. – Craig sorriu. – Mas eu poderia lhe dar uma resposta politicamente correta ou ir direto ao ponto.

– Direto ao ponto, por favor.

– Tudo bem. Aquela mulher – disse ele, apontando para o trailer do outro lado do estacionamento – tem sérios problemas. Quer dizer, ela sabe construir um prédio, devo admitir. Mas não é fácil trabalhar com ela. Para ninguém.

Jeff apenas ouviu e Craig continuou:

– Quando seus funcionários pediram demissão, Nancy tentou culpar meu pessoal, mas ela é tão culpada quanto qualquer um de nós. Sim, fomos duros por eles terem atrasado o serviço, mas a verdade é que ninguém conseguia mais lidar com ela. Detesto dizer isso – ele hesitou –, mas ela é meio bruxa.

Jeff não sorriu.

– Não entendi o que você quis dizer, Craig. Seja um pouco mais específico.

– Desculpe. É que ela deixa as pessoas irritadas. Talvez seja a maneira como fala. O jeito. As expressões. Caramba, nem os fornecedores gostam de lidar com ela.

– É por isso que você não a convida para suas reuniões?

Craig sorriu, mas não era um sorriso agradável.

– Ela falou isso?

Jeff assentiu.

– Eu não a proibi de vir às nossas reuniões – explicou Craig. – Apenas comentei que ela não deveria vir se fosse para irritar a todos. Então ela não apareceu mais.

– Você acha que ela age assim de propósito? – conjecturou Jeff em voz alta.

Craig suspirou.

– Não sei. Mas qualquer pessoa tão eficiente em deixar as outras irritadas provavelmente não age assim por acidente.

– E você?

Craig ficou confuso.

– Eu o quê?

– O que você faz que a deixa brava?

Ele pensou antes de responder:

– Não sei. Acho que não tolero muito bem o jeito dela. Eu devia tê-la encontrado para discutir o problema quando ela parou de vir às reuniões.

– Mas você acha que ela é competente no trabalho do ponto de vista técnico?

– Sim – respondeu ele, dando de ombros. – Ela é muito boa em diagnosticar o que precisa ser feito e manter tudo organizado.

– Você acha que ela tem o ego inflado?

Craig coçou a cabeça.

– Por mais que ela seja difícil, eu não diria que é egoísta nem egocêntrica. Estranho. Ela é apenas uma chata, quer ela saiba ou não.

Essa frase, "quer ela saiba ou não", marcou Jeff.

Embora estivesse tão confuso quanto meia hora antes, Jeff constatou uma nova sensação de energia. Era aquela intuição que tinha quando estava dando uma consultoria, como se fosse um detetive tentando desvendar um crime. Afinal, talvez isso tudo não seja tão ruim, pensou, torcendo para estar certo.

Pente-fino

Ao retornar ao escritório, Jeff encontrou Bobby e Clare na sala de Bobby. Como eles estavam em uma teleconferência, Jeff sussurrou:

– Venham ao meu escritório quando terminarem.

Eles assentiram e Jeff saiu em busca de alguma coisa que pudesse ampliar sua compreensão dos problemas da Valley Builders.

Na copa, pegou um refrigerante na geladeira e encontrou alguns funcionários administrativos almoçando numa das grandes mesas redondas. Jeff os havia conhecido em seus primeiros meses de trabalho, então decidiu ver se poderia aprender algo de novo com eles.

– Posso me sentar com vocês?

Eles convidaram Jeff para se juntar ao grupo.

Jeff abriu sua garrafa e foi direto ao ponto.

– Eu gostaria de fazer uma pergunta.

As três mulheres e os dois homens assentiram.

– O que vocês acham do recrutamento da empresa?

Kim, uma das mulheres que trabalhava como recepcionista no escritório e fazia trabalhos administrativos para Clare no RH, quis entender melhor a pergunta.

– Você quer dizer o processo?

Jeff deu de ombros.

– O processo, a eficácia, a qualidade geral, tudo.

Jeff então percebeu que eles relutavam em responder, temendo prejudicar a reputação de seus chefes.

– Isto não é uma caça às bruxas ou algo parecido. Estou trabalhando com Clare e Bobby para solucionar algumas falhas que encontramos. Queremos ser mais transparentes, portanto, não se preocupem.

Cody, um gerente financeiro, foi o primeiro a falar:

– Estou aqui há menos tempo que todos, acho. – Ele olhou ao redor da mesa e os outros assentiram. – Provavelmente tenho uma noção melhor do processo, da perspectiva de um novo contratado. E eu acho que foi muito bom.

– O que você quer dizer com "muito bom"? – perguntou Jeff.

– Bem, todos foram amistosos e profissionais. Isso me deu vontade de trabalhar aqui, com certeza.

– E as perguntas feitas durante as entrevistas?

Cody teve que pensar um pouco.

– Foi o normal. O que eu fiz na minha carreira. Meus pontos fracos e fortes.

– Alguma coisa sobre adequação cultural? Atitude?

Cody pareceu se lembrar de algo.

– Sim, quase esqueci. Alguns entrevistadores queriam saber se eu valorizava o trabalho em equipe.

– O que eles perguntaram?

Cody franziu a testa, tentando recordar.

– Acho que eles queriam saber se eu seria capaz de ser honesto e vulnerável.

– Eu ajudei a organizar o material de contratação – interveio Kim. – Os entrevistadores deveriam conversar sobre confiança e se os candidatos estariam inclinados a se envolver em conflitos saudáveis e outras coisas semelhantes.

Cody se lembrou:

– Sim, e eles queriam saber se eu era uma pessoa direcionada a resultados e se tinha um histórico de enfrentar situações difíceis.

Jeff ficou surpreso e pensou que deveria elogiar Clare e Bobby. Poderia ter feito isso imediatamente, visto que naquele exato momento os dois entraram na sala.

– Aí está você – disse Bobby. – Fomos ao seu escritório e não o encontramos.

– Desculpe. Eu só estava tentando descobrir clandestinamente alguns segredos sobre recrutamento.

Todos à mesa riram, um pouco nervosos.

– Espero que você não tenha puxado meu tapete – disse Clare a Kim.

Jeff respondeu por ela:

– De jeito nenhum. Ela apenas revelou que você quase nunca vem ao escritório e que eles é que têm que fazer todo o trabalho administrativo.

Kim, que era mais corajosa do que sua posição na empresa permitia, jogou um guardanapo amassado em Jeff.

– Não é verdade.

Clare sorriu e dirigiu uma pergunta a Jeff:

– Então, o que você aprendeu?

– Bem, parece que você fez mais a respeito de trabalho em equipe do que simples cartazes e camisetas.

Cody fingiu estar chateado.

– Ei, eu não ganhei nenhum cartaz sobre trabalho em equipe. Eu estava querendo um com uma foto de um barco cheio de pessoas remando.

– Ou pessoas em círculo e de mãos dadas – acrescentou Bobby.

Jeff percebeu que o sarcasmo ia além do nível executivo.

Clare quis saber mais:

– E o que mais você aprendeu?

Jeff hesitou, evitando dizer algo que pudesse soar como uma crítica na frente dos funcionários. Ele foi cauteloso.

– Bem, por mais que desejemos ser um time e contratar parceiros interessados no trabalho em equipe, parece que não sabemos exatamente o que isso significa. É como se estivéssemos dando um tiro no escuro.

Para provar seu raciocínio, Jeff se voltou para Cody.

– O que você respondeu em sua entrevista quando eles mencionaram confiança e conflito?

Ele deu de ombros sorrindo, como se fosse culpado.

– Acho que disse que sou confiável e que não teria problemas em participar de um debate.

Jeff assentiu e fez uma pergunta retórica:

– Você acha que alguém no mundo respondeu "já que você está perguntando, gostaria de dizer que não deveriam confiar em mim, que não consigo admitir quando estou errado e tenho um sério problema de autocontrole"?

Todos riram.

– Além disso, também sou um serial killer – acrescentou Bobby, provocando ainda mais risadas.

– Bem, não reparamos apenas nas palavras dos candidatos – explicou Clare. – A linguagem corporal durante a entrevista também é importante.

Jeff não queria ser demasiado severo nem desagradável.

– Você tem razão, Clare. Eu entendo. Só me pergunto se realmente sabemos o que estamos procurando. Quais são os bons indicadores de que um candidato será capaz de acatar os cinco comportamentos que tentamos observar?

Clare concordou e deu de ombros, como quem desiste do debate.

Jeff agradeceu ao grupo por seu tempo e suas ideias e, em seguida, foi com Bobby e Clare ao "escritório de Bob" – nome que Jeff manteve.

Parte três

Descoberta

Claridade

Jeff começou antes que todos se sentassem.

– Estou convencido de que essa proposta de trabalho em equipe é a chave para resolver os problemas de recrutamento e muitos outros.

Bobby foi o primeiro a responder:

– Eu concordo. Clare, precisamos instruir imediatamente o nosso pessoal de seleção.

– Um momento. – Jeff se sentou e colocou os pés na mesa. – Acho que contratar 80 pessoas vai ser bem mais difícil do que imaginamos. – Antes que Clare pudesse reagir, Jeff continuou: – Pense bem, quantos funcionários contratamos no ano passado? Vinte?

– Quase 30 – corrigiu Clare.

– Certo – disse Jeff –, 30 para efetivamente conseguirmos 20, por causa da rotatividade.

Clare assentiu. Jeff dirigiu a próxima pergunta a ela:

– Bem, se precisamos de mais do que o dobro do número de contratações, você acha que será mais fácil ou mais difícil encontrar parceiros de trabalho com o perfil adequado?

Ela parou para pensar por um instante.

– Mais fácil não faria sentido. Quer dizer, mais números, mais pessoas, mais urgência. Apesar de querer ser otimista, é provável que seja um pouco mais difícil.

Bobby assentiu, entendendo a lógica. Jeff continuou:

– Então isso significa que provavelmente teremos que contratar 90 ou 100 novos empregados para conseguir os 60, certo?
Eles relutavam em admitir.
– Vamos lá, pessoal. Isso é lógica.
Suspirando, Clare cedeu:
– Sim, acho que faz sentido.
Bobby comentou:
– Bem, talvez devêssemos apenas mudar um pouco os padrões ou quem sabe ser um pouco menos exigentes. Provavelmente não poderemos nos dar ao luxo de rejeitar ou nos livrar daqueles que não são muito sociáveis.
Clare balançou a cabeça.
– De jeito nenhum. Se fizermos isso, teremos o mesmo problema que tivemos em Oak Ridge. E na reforma da escola.
Jeff franziu a testa.
– Que reforma?
Suspirando, Bobby explicou:
– No ano retrasado, estávamos expandindo e reformando uma escola em Calistoga. Parecia um trabalho pequeno, mas acabou se tornando um projeto considerável. Enfim, durante a reforma perdemos nosso melhor engenheiro, porque Bob não nos deixou demitir nosso pior engenheiro.
– Espere – interrompeu Jeff –, achei que você tinha dito que Bob não tolerava pessoas que não trabalhassem bem em equipe.
Clare olhou para Bobby como se perguntasse "devemos contar para ele?".
– Bem, ele não tolerava isso na maioria dos funcionários. Mas, às vezes, quando se tratava de alguém que conhecia pessoalmente, ele amolecia. Bob confessou que, em algumas ocasiões, tinha dificuldade para demitir.
– Como foi resolvida a situação na escola? – Jeff quis saber.
Bobby respondeu meio irritado:

– O engenheiro competente saiu e fundou sua própria firma. E eu tive que trabalhar feito um louco para compensar, e isso não foi nada comparado a ter que lidar com aquela besta que era o outro engenheiro.

– E a lição é...? – perguntou Jeff.

Bobby revirou os olhos.

– Eu sei. Eu sei.

– Não. Diga em voz alta, Bobby Brady! – Clare deu um empurrãozinho nele, só para provocar.

O ilustre executivo sênior de operações de uma construtora de 75 milhões de dólares, com uma entonação que mais parecia a de um garoto de 7 anos, obedeceu:

– Manter gente idiota no quadro da empresa é uma péssima ideia.

Jeff se endireitou na cadeira e tirou os pés da mesa.

– Sabe, ainda acho que se conseguirmos descobrir como eliminar a maioria das bestas por aqui, as coisas mudariam exponencialmente.

– Então teríamos que contratar ainda mais pessoas para substituir as bestas das quais nos livramos – lembrou Clare.

Jeff balançou a cabeça.

– Acho que não, Clare. Aposto meu emprego que poderíamos ter melhores resultados com menos pessoas se atrairmos verdadeiros parceiros de trabalho.

Ele fez uma pausa para que refletissem por alguns segundos.

– Pense em como tudo seria mais fácil se conseguíssemos implementar os princípios de trabalho em equipe que combinamos no ano passado. Confiança, conflito, comprometimento e tudo mais.

– Mas como isso seria possível se agora temos o dobro de trabalho? – protestou Bobby. – Sessões de formação de equipe não são sessões de construção de hotéis.

– Nada a ver – retrucou Jeff. – Não estamos falando sobre abraços nem sobre mãos dadas, e sim de pessoas admitirem seus erros quando acontecerem. E de discutir a maneira correta de fazer algo sem a preocupação de ofender ninguém. Cumprir compromissos com responsabilização mútua. Precisamos ensinar isso a todos.

Jeff estava ficando animado e continuou:

– Vamos, Bobby. No ano passado, quando mostrei aquele projeto de trabalho em equipe, vocês acharam que era apenas um monte de bobagem?

Bobby balançou a cabeça.

– Não. Achei que fazia todo o sentido.

– Então, o que aconteceu? – perguntou Clare.

– Era exatamente isso que eu ia perguntar a vocês – acrescentou Jeff.

Clare e Bobby se entreolharam.

– Acho que acabamos nos perdendo porque sempre estamos apagando os incêndios do dia a dia – explicou Bobby.

Clare assentiu.

– Tenho certeza de que isso é verdade – argumentou Jeff. – E parece que você manteve algumas pessoas essenciais, mas que não se encaixavam na nossa cultura. – Ele fez uma pausa para causar efeito. – Suponho que elas participaram do processo de novas contratações.

De repente, os olhos de Clare se arregalaram.

– Ah, não! – Ela olhou para Bobby. – Deixamos que as bestas contratassem mais bestas.

Eles ficaram sentados ali por um momento, digerindo as implicações do que ela havia falado.

– Eu tenho uma dúvida – disse Bobby. – Por que um cara como Bob era tão receoso quando se tratava de demitir pessoas que não se adaptavam à equipe?

Jeff não hesitou em responder:

– Porque ele pensava que estava sendo bacana. Se Bob percebesse como é cruel manter essas pessoas, ele as teria demitido.

– Cruel? – Bobby não entendeu.

– Sim. Pense nisto: as pessoas mais infelizes em uma empresa são aquelas que não se enquadram na cultura, mas ainda assim têm permissão para ficar. Elas *sabem* que não são compatíveis. No fundo, não querem estar aqui. Estão infelizes.

– Então você está dizendo que devemos simplesmente sair e começar a demitir todo mundo? – rebateu Clare. – Isso também me parece cruel.

Jeff balançou a cabeça.

– Não. Você não pode mandar um monte de gente embora de uma hora para outra. Mas quando identificar quem são as bestas, precisa dizer a elas que a única maneira de ficarem, ou melhor, a única maneira de elas desejarem continuar, é deixando de ser bestas. Ou, de maneira mais construtiva, se estiverem dispostas a se tornar um parceiro da equipe. Noventa e cinco por cento das vezes, elas farão uma destas duas coisas: ou vão mudar o comportamento e agradecer por você tê-las obrigado a fazer isso ou vão desistir por conta própria e sairão aliviadas.

– E o que acontece se elas não fizerem nenhuma das duas coisas? – perguntou Bobby.

– Bem, aí você liga para Clare e um advogado começa a preparar a papelada. Mas, acredite, isso não acontece com a frequência que você imagina, desde que você não as exima por seu comportamento.

Bobby e Clare pareciam concordar com o que Jeff estava dizendo. Mas ela começou a ficar preocupada.

– Então, por onde começaríamos? – quis saber.

Jeff sorriu, animado por ver que eles começavam a enxergar a situação com clareza.

– Primeiro, vamos descobrir como reconhecer um verdadeiro parceiro de trabalho, o tipo de pessoa com facilidade para construir relações de confiança, envolver-se em conflitos saudáveis, assumir compromissos reais, responsabilizar outros e concentrar-se nos resultados. Depois, paramos de contratar pessoas ineficientes. Por fim, ajudamos aqueles que estão agindo como bestas a modificar seus hábitos ou se mudarem para outras empresas.

Ele fez uma pausa, olhando para um grande calendário na parede.

– E teremos que fazer tudo isso nas próximas quatro semanas. Ele se conteve e olhou para Bobby. – Quer dizer... um mês.

Bobby riu e olhou para Clare.

– Aceito, se você também aceitar.

– Nós temos escolha? – rebateu ela.

De repente, Bobby teve uma epifania.

– Ei, o que acontece se nós formos as bestas?

Jeff sorriu.

– Nesse caso, já sabemos por onde começar.

Autoavaliação

Jeff decidiu que não havia tempo a perder.
— Bem, tenho quase certeza de que vocês não são bestas. E espero que eu também não seja. E se formos... então estamos todos ferrados.
Eles riram.
— Mas, como somos responsáveis por toda esta situação, vamos tentar descobrir o que temos em comum e qual foi o estímulo que fez com que nos associássemos a Bob. Provavelmente há alguma coisa aí que nos ajudará a compreender melhor o conceito de trabalho em equipe.
Eles se entreolharam como se as respostas de repente tivessem aparecido em suas testas.
Jeff tinha outras perguntas.
— Por que você achou que este seria um bom lugar para trabalhar? Pense nas entrevistas que Bob fez com você. O que pareceu ser diferente nele ou melhor em relação a outras pessoas que você conheceu em situação semelhante?
Bobby foi o primeiro a responder:
— Bem, eu sei que isso não ajuda, mas ele definitivamente não era uma besta.
Jeff suspirou.
— Ok, mas o que ele tinha que o excluiu do clube das bestas?
— Ele não se levava muito a sério — explicou Clare. — Bob é um grande gozador, mas quase sempre ri de si próprio.

Bobby interveio:

– Sabe, eu me lembro bem do dia em que percebi como gostava de Bob. Foi no meu terceiro ou quarto dia de trabalho e estávamos nas instalações da Vinícola Trinity, na época em que construímos o centro de visitantes do local. Fiquei impressionado com o modo de ele lidar com o cliente, um ricaço que estava mais preocupado se as pedras de revestimento da entrada vinham da Toscana ou da Calábria, esse tipo de problema de gente rica.

Bobby hesitou, revivendo o momento em sua cabeça.

– Bob foi muito paciente com aquele cara. Mais do que eu seria. Mas, assim que o dono foi embora em seu Range Rover, Bob começou a conversar com os pedreiros que estavam construindo um muro do que seria o canteiro de flores. Não eram arquitetos, engenheiros, nem mesmo carpinteiros, eram peões de obra, trabalhadores não qualificados.

Por um momento, Bobby pareceu ficar um pouco emocionado.

– E Bob tinha exatamente o mesmo tom de voz, o mesmo contato visual e o mesmo nível de interesse pelo que eles estavam dizendo. E aqueles caras perceberam, e sei que ficaram tão impressionados quanto eu. Lembro que pensei: "Eu gostaria de ser como ele."

– Esse é o Bob – confirmou Clare, um pouco melancólica. – Ele deve ser a pessoa menos pretensiosa que conheço. Eu diria até mesmo que ele não liga para sofisticação. Não sei exatamente o que é.

– E vocês acham que se encaixam nessa descrição? – indagou Jeff.

– Não como ele – respondeu Bobby, sem hesitar.

– E em comparação com outras pessoas como vocês – insistiu Jeff. – Outros executivos da área?

Clare dirigiu sua resposta a Bobby:

– Acho que você se parece muito mais com Bob do que imagina.

– Se hoje sou assim, é por causa dele.

Clare ficou surpresa.

– Você não foi sempre desse jeito?

– Não muito. Quer dizer, claro que meu pai teria me dado uma surra se eu tivesse menosprezado alguém só porque essa pessoa não fez faculdade ou era mais pobre. Mas somente quando cheguei aqui compreendi isso de fato. Caramba, em alguns dos lugares onde trabalhei, agir como Bob seria ruim para a sua carreira, dá para acreditar?

– Você deveria trabalhar no Vale do Silício – suspirou Jeff. – Lá tem muita gente preocupada com questões sociais e meio ambiente, mas não dá a mínima para o cara que lava o seu carro ou corta a sua grama.

– O que me faz lembrar – disse Clare – que precisamos ajudar sua tia a encontrar alguém para cortar a grama do jardim dela. Essa tarefa era de Bob desde que comprara aquela casa, e ele não vai desistir assim tão facilmente.

Jeff concordou.

– Vou falar com a tia Karen hoje à noite. Ou talvez fale com Ben quando o vir à tarde.

Bobby ficou curioso.

– Sobre o que você quer conversar com Ben?

– Sobre o que estamos falando agora. Quero saber o que ele procura nos membros da equipe que treina.

– Você não acha que jogadores de basquete estudantil e trabalhadores da construção civil são um pouco diferentes? – perguntou Clare.

– Claro que sim. Mas acredito que também tenham algo em comum, e que o filho de Bob poderá me dar uma ideia de como o pai dele pensa.

– Você poderia simplesmente perguntar a Bob – sugeriu Bobby.

Jeff discordou:

– Não. Em primeiro lugar, não quero que ele se preocupe achando que já estamos precisando de ajuda. Ele tem muito em que pensar com a cirurgia na semana que vem. Além disso, se Bob tivesse uma ideia exata a respeito de parceiros de trabalho, já teria nos dito. Acho que ele está tão inseguro quanto nós. Ou, quem sabe, apenas confuso.

Todos concordaram. Jeff tinha esperança de que o primo pudesse lhe oferecer uma nova perspectiva.

Treinador Ben

Jeff logo avistou Ben, porque ele era bem mais alto do que todos os adolescentes que lotavam o Starbucks. Ele já tinha comprado um café para o primo, para evitar que ele tivesse que esperar na fila.

Assim que viu Jeff, Ben se levantou e os dois se abraçaram.

– Obrigado por me encontrar assim, de última hora – disse Jeff.

Ambos se sentaram.

– Ei, se pudesse eu viria tomar café com você todos os dias. Estou muito feliz por ter vindo morar aqui.

– Eu também... Acho. – Jeff riu.

– Sério?

– Sim. Estou adorando. Maurine também. E as crianças parecem felizes por morar em uma casa grande com quintal. Mas estou um pouco mais preocupado com o trabalho do que deveria.

– O que você quer dizer com isso?

Jeff contou sobre os problemas com o hospital, o hotel e o fluxo de caixa, e tudo era novidade para Ben.

– Você está mesmo completamente por fora do negócio, não é? – provocou Jeff.

– Papai até tentou fazer com que eu me interessasse pela construtora. Acho que quando ele finalmente percebeu que não era para mim, parou de me contar os detalhes. – Ben fez uma pausa. – Mas eu sei o suficiente para entender que você tem um problemão nas mãos. E tenho certeza absoluta de que todos os meus conhecimentos sobre história americana, marcação homem a homem e futebol americano serão totalmente inúteis nesta situação.

Jeff sorriu.

– Não sei. Há uma coisa em que você pode ajudar. E é importante.

Ben ficou curioso.

– Mesmo?

– Sim. Precisamos de ajuda para delinear nosso conceito de trabalho em equipe.

– Você está de brincadeira? Aquilo que você apresentou no ano passado é melhor do que tudo que conheço. Tenho usado aqueles conceitos com meus jogadores, ensinando-os a admitir quando estão errados e a responsabilizar uns aos outros. Eu não sei o que poderia acrescentar.

– Não estou buscando teorias sobre como fazer com que as equipes funcionem. Só quero saber como você identifica os jogadores que se encaixam no trabalho em equipe.

Ben pensou sobre a pergunta.

– Não sei. Quer dizer, eu não tenho muitas opções. Somos uma escola pequena e tenho que me contentar com o material que me fornecem.

– Mas você está sempre vencendo times de escolas maiores, certo?

– Sim. Isso porque jogamos como uma unidade. Sem estrelas. Mas acho que isso diz mais sobre o sistema do que sobre as crianças. Como eu disse, não tenho muitos jogadores para escolher.

– Mas se tivesse, o que procuraria? Como evitaria gente que se acha estrela?

Ben suspirou, refletindo novamente sobre a pergunta.

– Não sei.

– Ok. Vamos olhar de outro ângulo. Imagine que você estivesse treinando um time universitário. Que tipo de jogador você recrutaria? E quais evitaria?

– Recrutaria os altos e evitaria os baixos – riu Ben.

Jeff lhe deu um soquinho.

– Estou brincando. Quer dizer, eu daria tudo para conseguir alguém com mais de um e noventa nesse momento. Mas, já que todos precisam de altura e velocidade e tudo mais, tenho certeza de que existem outras qualidades, provavelmente relacionadas ao caráter, que eu buscaria.

– Como o quê?

– Bem – ele estava pensando em voz alta –, alguém que goste de treinar. Eu admiro aqueles que não saem do ginásio, não apenas os que querem jogar um a um o dia inteiro. Gosto dos que chegam cedo e fazem séries extras de exercícios. E assistem aos filmes sobre basquete que recomendo mesmo quando não são tão necessários. – Ben fez uma pausa antes de acrescentar: – E, principalmente, aqueles que odeiam perder.

– Maus perdedores?

Ben balançou a cabeça.

– Não, de forma alguma. Me refiro ao tipo que começa a treinar querendo progredir ao máximo para evitar perder. É mais fácil treiná-los.

Jeff puxou seu caderno e fez algumas anotações.

Ben ficou curioso.

– Então, com quem mais você já conversou e o que aprendeu até agora?

– Ninguém, você é praticamente o primeiro.

Os olhos de Ben se arregalaram.

– Uau, devo ser especial.

Jeff riu.

– Você com certeza é especial. Além disso, eu sabia que poderia contar com você para me pagar um café de 5 dólares.

– É um macchiato de caramelo desnatado e descafeinado. E não fui eu quem comprou. Apenas usei o cartão corporativo da Valley Builders.

– Você tem um cartão corporativo? – Jeff não tentou esconder sua surpresa.

Ben riu.

– Não, bobão. Você acha que papai sai dando carta branca para gastar o dinheiro da empresa? Você não o conhece?

Jeff ficou aliviado.

– Sim, claro. E por falar nisso, temos que encontrar um jardineiro. Seu pai não deve cortar a grama por enquanto.

– Sim, hoje conversei com mamãe sobre isso. Papai não vai gostar nada dessa ideia.

– Por falar no seu pai, me dê algumas dicas sobre ele.

– O que você quer dizer?

– Por exemplo, a postura dele em relação ao trabalho em equipe – sugeriu Jeff.

– Eu achei que você saberia melhor do que eu, por causa da consultoria que prestou a ele. Tudo o que posso dizer é que papai fala com frequência que nada é mais importante do que o trabalho em equipe. Ele tem uma intuição meio estranha, em geral sabe quem é bom e quem não é.

– Pense em alguma coisa de quando você era pequeno e que possa dar uma pista de como ele definiria alguém que se enquadra no perfil de bom parceiro de trabalho. Ou mesmo uma boa pessoa.

Ben riu.

– Uau. Você está cheio de perguntas profundas hoje, hein? – Ele pensou por alguns segundos. – Sabe, meu pai também foi técnico de vários times em que eu joguei e a única coisa de que me lembro é que ele não costumava ter muita paciência com as crianças que o bajulavam.

– Como assim?

– Talvez não seja bem isso. Ele não gostava de crianças que o tratassem de maneira diferente de como tratavam outras pessoas do time. Ou aqueles que tratavam mal os jogadores menos habilidosos.

Jeff pareceu satisfeito com a explicação, mas de repente Ben se lembrou de outra coisa.

– Ah, e ele odiava quando as crianças do time ficavam muito preocupadas com as próprias estatísticas ou com o tempo que passavam na quadra. Certa vez, ele deixou um de seus melhores jogadores de 10 anos no banco por um jogo inteiro porque ele era fominha e queria ser o cestinha.

– E como o garoto reagiu? Ou melhor, os pais dele?

– Mamãe achou que era uma boa ideia. Mas eu fiquei chateado...

Jeff riu.

– Mas aprendi a lição.

Os primos passaram os 45 minutos seguintes falando sobre férias em família e lembranças da infância, até que Ben teve que ir embora para um treino.

– Jeff, estou muito feliz por você estar aqui. Papai é fanfarrão e gosta de minimizar as coisas, mas eu acho que você entende quanto essa empresa significa para ele e para todos nós.

As palavras de Ben eram sinceras e Jeff percebeu que o primo não estava tentando colocar mais pressão, embora esse tenha sido o efeito.

Eles se abraçaram e Ben foi embora.

Jeff ficou ali por mais 10 minutos, escrevendo em seu caderno. Quando se preparava para sair, percebeu que sentia duas emoções conflitantes: um leve alívio por estar progredindo e certa decepção por tudo o que ouvira parecer tão óbvio. Ele resolveu observar com mais atenção.

Investigações

Os dois dias seguintes foram dedicados a resolver problemas imediatos relacionados à limpeza nas obras em Oak Ridge e ao planejamento dos projetos, especialmente o do hospital. Durante esse tempo, Jeff esteve tão imerso nos negócios que quase não gastou nenhuma energia pensando em recrutamento e trabalho em equipe. Isso o surpreendeu, dada a magnitude do problema e quanto ele estivera obcecado com a questão nas 48 horas anteriores. Começou a reparar em como as demandas urgentes da construção o impediam de dar atenção a outras questões importantes. Ainda assim, ele estava determinado a não deixar isso acontecer.

Então, ao sair de uma reunião em Napa, Jeff pediu a Clare que fizesse uma relação de todos os funcionários que a empresa havia dispensado nos últimos anos e outra com os nomes dos empregados que na opinião dela poderiam ter problemas para se adaptar.

– Amanhã de manhã estará pronto – assegurou ela.

Jeff então pediu a Bobby e Clare que abrissem um espaço em suas agendas na tarde seguinte, o que provocou protestos de Bobby, mas Jeff insistiu.

Quando se reuniram no escritório, Jeff já havia escrito os nomes das 23 pessoas da lista de Clare num quadro.

– Vamos examinar esses nomes um por um, tentando encontrar algum denominador comum que possa nos ajudar a identificar sinais de alerta.

Como sempre, Bobby brincou:
– Você quer dizer indicadores de bestas?
Clare contestou:
– Ei, lembre-se de que vários desses funcionários ainda trabalham conosco. Devemos ser um pouco mais cuidadosos quando nos referirmos a eles.
– Você está sendo um pouco gentil demais, Clare – provocou Bobby. – Será que todo esse tempo no RH acabou afetando você?
Ela riu.
Jeff reforçou seu ponto.
– Mas ela tem razão. Precisamos lembrar que essas pessoas não são más. Elas apenas podem não estar acostumadas a uma cultura construída em torno do trabalho em equipe. Ou talvez tenham sido chefiadas por alguma dessas bestas e agora estão agindo de uma maneira que, imaginam, as ajudará a progredir.
Bobby cedeu.
– Boa!
– E como vamos notar a diferença? – quis saber Clare.
Jeff tinha uma resposta.
– Bem, não precisamos descobrir com certeza.
Clare pareceu confusa.
– Como assim?
– Lembre-se, assim que descobrirmos o que estamos procurando, ou seja, quando encontrarmos alguém que não está à altura do que queremos – explicou Jeff –, só precisamos deixar claro que esperamos uma mudança de comportamento. Se isso acontecer, ótimo. Provavelmente estavam deslocados. Caso contrário, saberemos que eles não são compatíveis e os ajudaremos a encontrar um lugar melhor para trabalhar.
Bobby olhou para o quadro.
– Por onde começamos?
– Pela liderança da organização – respondeu Jeff, com segu-

rança. – Se pudermos lidar com qualquer problema no topo, todo o resto fica mais fácil.

Clare de repente pareceu animada com o plano e surpreendeu os dois ao dizer:

– Escutem, rapazes. Não devemos ser comedidos demais. O futuro desta empresa depende de nosso sucesso.

Ela foi até o quadro e desenhou um círculo ao redor de dois nomes: Nancy Morris, a gerente de projeto de Oak Ridge, e Anthony Benson, o engenheiro complicado do projeto de reforma da escola.

Os três passaram a hora seguinte dissecando Nancy e Anthony, bem como as outras duas dúzias de nomes da lista, examinando o histórico de desempenho e comportamento deles. Ao final, chegaram a uma relação de adjetivos previsíveis: negativo, preguiçoso, insensível, irresponsável e egocêntrico.

Jeff tinha a mesma sensação da noite anterior.

– Alguma coisa deve estar faltando. É tudo muito óbvio.

– Eu concordo – confirmou Clare. – Não pode ser tão simples, pode?

– Se for mesmo simples assim, então como pudemos ser tão incompetentes? – perguntou Bobby com seu sarcasmo habitual.

– Talvez por estarmos muito próximos a essas pessoas? – conjecturou Clare.

Jeff balançou a cabeça.

– Acho que não sabemos o que estamos procurando. O que precisamos é estudar um caso particular. Alguém com quem não estamos tão familiarizados. Alguém que possamos cutucar um pouco para avaliar a situação.

Essa pessoa se apresentaria mais cedo do que eles imaginavam.

SOMA POR ADIÇÃO

Jeff desviou de seu caminho habitual do trabalho para casa, adicionando um percurso de 20 minutos, passando pelo hospital e pelo terreno do futuro hotel. Quando se deu conta da magnitude dos projetos, ligou para Bobby.

– E aí, chefe? – A voz de Bobby soou clara nos alto-falantes do carro.

– Não tem jeito – disse Jeff, com uma voz calma, mas confiante.

– O que você quer dizer?

– Sobre o hospital e o hotel.

– Claro que tem. Somos bons nisso.

– Não, não me refiro à construção em si. Estou falando sobre nós. Eu, você e Clare. Vamos precisar de ajuda. Imagine quando esses projetos começarem a esquentar. Não teremos tempo nem para pensar. Já seria difícil se fosse apenas o hospital.

Silêncio.

– Você está aí? Caiu a ligação?

– Sim, estou aqui – respondeu Bobby –, só pensando em uma coisa.

Mais alguns segundos de silêncio. Finalmente, Bobby ponderou:

– Você está certo. Eu tive o mesmo pensamento. Mas toda vez que penso em trazer outra pessoa para o nosso grupo, acho que seria arriscado. Muitos problemas.

– Explique melhor.

– Bem, eu e Clare trabalhamos como irmãos. Isso é um fato. Ainda estamos nos acostumando com você. E, sendo sincero, ainda há uma chance de você acabar se mostrando uma besta.

Jeff riu.

– Então você está preocupado com a possibilidade de contratarmos a pessoa errada?

– Sim... – Ele hesitou. – Ok, eu sei que isso vai soar meio estúpido, mas só quero garantir que tudo continue agradável. Não quero chegar ao trabalho e ter que lidar com alguém de quem não gosto.

– Entendi. – Jeff pensou um pouco. – Mas a realidade é que não vamos gostar de estar perto um do outro se não tivermos uma ajuda extra.

– Eu sei, eu sei. Acho que estou em autonegação.

– Pois bem, o que fazer? – Jeff resolveu deixar Bobby apresentar uma sugestão.

– Vamos pedir a Clare que encontre a melhor pessoa, mais barata e mais fácil de conviver que existe no mundo.

– Perfeito, e isso antes de quarta-feira – acrescentou Jeff.

– Que tal terça-feira?

Eles riram e concordaram em voltar ao assunto após o fim de semana.

Jeff não iria esperar tanto.

Atalhos

Embora não costumasse trabalhar durante os fins de semana, Jeff resolveu que aquele era o momento propício para alguns sacrifícios.

– Eu preciso dar o exemplo. Em seis meses, todos estarão trabalhando aos sábados ou domingos – explicou a Maurine, que concordou.

Como esperado, Clare também aprovou e decidiram se encontrar no escritório pouco antes do meio-dia.

Tiveram a mesma conversa que Jeff havia tido com Bobby na noite anterior, e, embora Clare estivesse ainda mais preocupada com a dinâmica da equipe executiva, logo concluiu que contratar outra pessoa seria inevitável.

– Então, como faremos isso? – quis saber Jeff.

– Bem, eu conheço alguns recrutadores especializados em executivos da área. Nunca recorremos a eles, mas acho que poderiam nos ajudar.

Jeff balançou a cabeça.

– Isso vai demorar muito. Eles vão pesquisar em todo o país ou pelo menos na Costa Oeste. E vai demorar um mês só para alguém vir para uma entrevista. Imagino que conhecemos pessoas que conhecem pessoas...

Clare pensou a respeito.

– Você perguntou ao Bobby?

– Não, decidi começar por você.

– Agradeço o voto de confiança – disse ela, com uma pitada de sarcasmo –, mas ele deve ter uma ideia melhor de quem está disponível.

– Ok, vamos ligar pra ele.

Dois minutos depois, Bobby estava no viva-voz.

– Ei, acabo de conversar com a nossa rainha do RH sobre recrutamento de um novo executivo, mas foi inútil. Você conhece alguém que possa nos ajudar? – indagou Jeff.

Bobby riu.

– Opa, vocês estão dando uma festa sem mim?

– Isso aí, festança! – acrescentou Clare. – Achei que você saberia com quem falar. A propósito, a posição que estamos cogitando é de um outro VP de operações de campo, certo?

Jeff entrou na conversa.

– Um Bobby júnior.

– Isso é meio assustador! – exclamou Clare. – Mas parece correto.

Em poucos minutos, Bobby surpreendeu a si mesmo ao apresentar uma pequena lista de pessoas que poderiam ser boas fontes de informação para possíveis candidatos. E teve uma ideia.

– Ei, acabo de pensar em alguém. Que tal o Ted?

– Marchbanks? – perguntou Clare.

– Sim. Ele faria esse trabalho de olhos fechados.

– Mas eu achava que ele tinha se aposentado no ano passado – disse Clare.

– Aposentado? O cara é dois anos mais velho que eu. Ele deve estar completamente entediado. E está morando em Sonoma.

Jeff precisou perguntar:

– Quem é Ted Marchbanks?

– Ele dirigia uma divisão da North Bay Construction, uma grande empresa localizada em Sausalito – explicou Clare. – Há uns cinco anos, gerenciou um projeto fluvial no centro da cidade. Obra enorme, que nem sequer licitamos porque tinha a ver com rios, pontes e prédios. Burocracia estadual demais para Bob.

– Ele ganhou uma montanha de dinheiro – continuou Bobby.
– Eu o encontrei algumas vezes jogando golfe, e ele só queria falar de trabalho. Acho que se aposentou muito cedo.

Clare estava convencida.

– Vamos convidá-lo para uma visita e tentar convencê-lo a participar.

– Mas ele é o nosso tipo de pessoa? – quis saber Jeff.

– Ele sabe o que faz e está disponível – declarou Bobby.

– E sobre o trabalho em equipe? Ele é uma besta?

Clare entrou na conversa.

– Você o conhece melhor, Bobby.

– O cara é profissional. Tem experiência. Caramba, ele dirigiu um projeto enorme e complexo por dois anos e não furou o orçamento nem o prazo. Não vejo como ele poderia ser uma besta.

Por melhor que tudo parecesse ser, Jeff quis ir um pouco mais a fundo.

– Quando você acha que podemos tê-lo aqui, Bobby?

– Deixa-me ver o que posso fazer.

Bobby não iria desapontar.

TED

Na segunda-feira de manhã, Jeff estava sentado no escritório de Bob respondendo a um e-mail quando Bobby entrou com um grande sorriso. Jeff ficou surpreso ao vê-lo.
– Como vão as coisas em Oak Ridge?
– Tudo bem, ao menos por enquanto – respondeu Bobby.
– Por que você está sorrindo assim?
– Porque eu tenho uma surpresa pra você. – Ele fez uma pausa.
– Quais são seus planos para o almoço?
Jeff olhou para o celular.
– Eu vou me encontrar com...
– Cancele!
– O quê?
– Cancele. Adivinha quem está vindo aqui para nos conhecer. – Antes que Jeff pudesse responder, Bobby anunciou: – Ted Marchbanks.
Jeff se recostou na cadeira.
– Como você conseguiu isso?
– Liguei para um amigo do campo de golfe, que me deu o número de Ted. Falei com ele ontem à noite e descobri que estava certo. Ele está entediado. Disse que ficou curioso.
– Boas notícias. – Jeff sorriu. – Você já contou para Clare?
– Sim. Ela está livre. Marcamos às 12h15, no Maria's.
– Maria's? Você não acha que deveríamos ir a algum lugar um pouco... melhor?

– Se ele for realmente capaz de se adaptar à nossa cultura, não se importará.

– Tem razão. Vejo vocês às 12h15.

O restaurante estava com metade das mesas ocupadas, o que para o Maria's significava um dia agitado. Jeff chegou mais cedo e pediu uma mesa nos fundos. Poucos minutos depois, Bobby e Clare apareceram.

– Ele está atrasado. Acho que não devemos contratá-lo – disse Jeff, com um olhar muito sério.

Bobby fez uma cara constrangida.

– Espere um minuto – ele parecia não saber o que dizer –, talvez ele esteja apenas...

Jeff o interrompeu:

– Estou brincando. Sente-se.

Bobby riu.

– Então, por quanto tempo você vai me fazer pagar pelo cano de Ted?

– O dia inteiro, meu amigo. – Jeff riu. – O dia inteiro.

– Ok, meninos. Vamos nos concentrar um pouco. – Clare se sentou em um lugar de onde podia ver a porta. – Então, o que sabemos sobre Ted?

Bobby não hesitou.

– Ele foi executivo de uma empresa quase quatro vezes maior do que a nossa. Só o departamento dele correspondia à construtora inteira. Ele estava envolvido em quase tudo, desde planejamento até construção e reforma. Além disso, conhece a burocracia local, o que será importante para o projeto do hospital.

Jeff e Clare ficaram bastante impressionados.

– Espere um segundo... – Bobby se conteve. – Não podemos contratar esse cara. Ele vai roubar meu trabalho.

Clare riu e deu um tapinha nas costas de Bobby.

– Sempre teremos um lugar para você aqui na VB.

Naquele momento, a porta do restaurante se abriu, deixando entrar um ofuscante raio de sol. Dessa luz emergiu uma figura que parecia ser um anjo. Então a porta se fechou e a figura voltou a ser apenas um homem.

De calça jeans elegante e blazer, Ted Marchbanks aparentava ser uma década mais jovem do que seus 56 anos. Olhando ao redor, avistou Bobby e se dirigiu à mesa.

Os três executivos se levantaram para cumprimentá-lo.

Bobby falou primeiro.

– É bom ver você, Ted. Obrigado por nos encontrar assim tão rápido.

Eles trocaram um aperto de mãos.

– Fiquei surpreso e intrigado com sua ligação de ontem e estou honrado por você ter pensado em mim. – Ele então se virou para Clare. – Acho que já a conheço.

Ela pareceu confusa.

– Mesmo?

– Você não foi a um almoço em Novato alguns anos atrás? Eles trouxeram um conferencista, algo sobre liderança. Você estava com Bob e umas outras pessoas da empresa.

– Isso mesmo – confirmou ela. – Foi uma reunião da Associação de Construtores da North Bay.

– Se bem me lembro – continuou ele –, foi meio sonolento...

– Sim, foi. Algum professor de uma universidade importante que não conseguiu se conectar com o pessoal da construção.

Ted mudou de assunto.

– A propósito, como está Bob?

– Ele está em casa esperando a cirurgia – respondeu Clare. – Se tudo correr como o planejado, ele ficará bom. Mas não retornará ao trabalho. Na verdade – ela olhou para Jeff –, este é nosso novo CEO, Jeff Shanley.

Ambos se cumprimentaram.

– Ouvi dizer que você é novo no ramo, Jeff.

– Isso mesmo.

– Bem, você está trabalhando com pessoas excelentes – ele apontou Clare e Bobby –, então tenho certeza de que será fácil se inteirar dos pormenores.

– Eu concordo – respondeu Jeff. – E talvez você possa nos ajudar também.

Ted sorriu.

– Bem, isso é gentil da sua parte. Não sei se terei algo novo a oferecer, mas nunca se sabe.

Eles se sentaram à mesa e durante a hora e meia seguinte tiveram uma conversa agradável e esclarecedora sobre vários assuntos, desde a indústria e detalhes do trabalho até a economia local e nuances da construção de uma ala hospitalar e um hotel.

Ted parecia relaxado, brilhante e focado. Certamente não aparentava ser aposentado.

Clare estava curiosa.

– Por que você se aposentou, Ted?

Ele hesitou.

– Não sei. Depois de tanto tempo trabalhando, achei que era hora de aproveitar um pouco a vida. Meus filhos estão crescidos. A casa está paga. Minha esposa quer viajar mais. Parecia a coisa certa a fazer naquele momento.

– Mas... – Jeff o induziu a continuar.

Ted sorriu.

– Bem, chega uma hora em que você percebe que há um limite de quanto golfe, caça a antiguidades e viagens você pode fazer. Eu gostava muito do processo de construção. Gosto de resolver problemas. Suponho que subestimei os benefícios do trabalho em si.

Clare o pressionou.

– Então por que você não volta para a North Bay?

Ele hesitou novamente.

– Por mais que eu gostasse de construção, a empresa estava ficando grande demais. – Ele fez uma pausa, procurando as palavras certas. – Talvez muito burocrática. Eu percebi que era hora de mudar, mas talvez não de me aposentar.

– Faz sentido para mim – declarou Bobby.

Ted olhou para o relógio.

– No entanto, tecnicamente ainda estou aposentado e se não voltar para casa para ajudar minha esposa a limpar nossa garagem, o tédio será o menor dos meus problemas.

Eles sorriram e agradeceram a Ted por seu tempo. Depois que ele saiu do restaurante, os três ficaram para conversar.

Reações

Como de costume, Bobby foi o primeiro a falar.
— Vamos contratá-lo. Já!
Nem Jeff nem Clare responderam.
— Vamos! — exclamou Bobby. — Ele não é exatamente o que procuramos?
— É possível — concordou Jeff. — Ele seria capaz de nos ajudar de várias maneiras. Sua experiência por si só já é inacreditável. E imagino que tenha muitos contatos.
Jeff não aparentava estar tão confiante quanto suas palavras.
— Então, qual o problema? — perguntou Bobby.
— Vamos apenas nos certificar de que ele se encaixa em nossa cultura — disse Clare. — Como ele se ajustaria aos nossos valores?
— Qualidade e segurança eu garanto — respondeu Bobby. — A North Bay é conhecida por ambos.
— Então, parece que tudo se resume a ele ser ou não um bom parceiro de trabalho — interveio Jeff.
— Acho que é bastante óbvio que ele é — declarou Bobby. — Ou você viu algo que eu não vi?
— Eu não sei. — Clare deu de ombros. — O que exatamente estamos procurando?
Jeff estava gostando da conversa.
— Bem — respondeu Bobby —, ele com certeza não é uma besta quadrada.
Clare deu de ombros de novo, um pouco alterada.

– Então voltamos a isso. O que exatamente é uma besta?
Bobby respirou fundo.
– Bem, que tal as palavras que levantamos na semana passada? Egoísta. Grosseiro. Irresponsável. Podemos começar por aí.
Jeff fez algumas anotações.
– Ok, mas o que exatamente você quer dizer com grosseiro? – prosseguiu Clare.
– Vamos, Clare. Grosseiro. Um babaca. Deixa as pessoas desconfortáveis. Diz coisas estúpidas e maldosas. Rude.
– Me dê um exemplo de uma pessoa conhecida que seja grosseira.
Bobby só precisou de um segundo.
– Ok, que tal Terry Pascal? – Ele olhou para Jeff, tentando explicar. – Terry era um dos nossos fornecedores. Vendia suprimentos. Tudo, desde baldes e escadas até roupas e equipamentos.
– Ele não é um cara mau, só não tem ideia de quando foi longe demais – retrucou Clare. – Arrogante. Inapropriado. Sem noção.
– Você disse que ele era um de nossos fornecedores? – perguntou Jeff.
– Sim, dissemos à empresa dele que queríamos lidar com outra pessoa. O sucessor foi melhor.
Jeff tinha outra questão em mente.
– Então, há alguém na VB que se encaixe na descrição de Terry?
Eles refletiram um pouco.
– Bem – disse Clare, olhando em volta para se certificar de que ninguém por perto pudesse ouvir –, vocês concordam que Nancy se encaixa nessa categoria, certo?
Jeff e Bobby assentiram.
– Agora, você acha que pessoas como Nancy e Terry fazem isso de propósito? – indagou Jeff.
– Não. – Clare foi enfática. – Para ser sincera, acho que quando se trata de lidar com pessoas, elas simplesmente... – ela hesitou

e pareceu se desculpar pelo que estava prestes a dizer – elas são simplesmente burras. Elas não são socialmente espertas.

Jeff fez alguma anotação em seu caderno e acrescentou:

– Então, Ted com certeza não é estúpido quando se trata de pessoas. Na verdade, eu diria que ele é bastante esperto.

– Eu também acho – declarou Bobby. – É por isso que devemos contratá-lo.

– Espere um segundo. – Jeff riu da excitação do colega. – Isso não é a única coisa que faz alguém ser um bom parceiro de trabalho.

– Que mais? – quis saber Clare.

Jeff hesitou, folheando seu caderno.

– Não sei. Tudo o que escrevi aqui é tão óbvio.

– Como o quê? – perguntou Bobby.

– Estou quase com vergonha de contar a vocês.

Rindo, Bobby tentou pegar o caderno dele.

– Deixe que eu mesmo leio.

Jeff o afastou.

– Ok. Até agora, depois de todas as conversas e de analisarmos as 23 pessoas que despedimos, ou que talvez devêssemos ter despedido, me parece que há dois denominadores comuns, talvez três, se incluirmos o que acabamos de falar.

Ele pegou a caneta e escreveu três itens no papel à sua frente, para que todos pudessem ler: ego, trabalho duro e pessoas.

– Elas precisam saber trabalhar duro, lidar com pessoas e não ter problemas de ego.

Clare franziu a testa.

– Não use a palavra "ego". Encontre uma palavra mais positiva.

Jeff ficou confuso, mas, após breve reflexão, entendeu.

– Está bem. – Ele riscou a palavra "ego" e a substituiu por "despretensioso".

Os três ficaram olhando para as palavras que Jeff escrevera. Se fosse um desenho animado, naquele momento haveria fumaça saindo dos ouvidos deles, tamanha a intensidade com que pensavam naquelas palavras.

– Novamente, tudo isso parece muito simples. – Jeff se desculpou.

Clare intercedeu:

– Não, acho que estamos no caminho certo, mesmo que pareça óbvio. Vamos voltar à nossa lista de pessoas problemáticas e ver se ajuda a esclarecer a questão.

Quando começaram a analisar, Jeff olhou para o relógio.

– Ah, não, são quase duas e meia. – Ele encarou Bobby. – Temos uma reunião com os arquitetos do hospital.

– Vamos retomar esta conversa amanhã – propôs Clare.

Todos concordaram. Jeff e Bobby pediram a Clare que pagasse a conta para que pudessem sair imediatamente.

Parte quatro

Implementação

Malabarismos

No dia seguinte, a situação em Oak Ridge estava mais agitada do que Bobby previra.

– Nada crítico – explicou Bobby –, mas, se eu não me encontrar com os inspetores nos próximos dias, teremos problemas.

Clare e Jeff concordaram em adiar a entrevista programada com Ted para o final da semana, o que lhes daria mais tempo para delinear as definições sobre o parceiro de trabalho.

E era o dia da cirurgia de Bob. Embora o escritório continuasse movimentado, muitas pessoas estavam ansiosas, rezando e checando com a família Shanley se havia novidades. Quando chegou a notícia de que o procedimento havia sido bem-sucedido e que o prognóstico de Bob era bom, todos ficaram aliviados. Para a liderança executiva o alívio durou pouco, porque suas preocupações foram redirecionadas para o futuro da empresa.

A entrevista de Ted seria no dia seguinte. Jeff decidiu se encontrar o quanto antes com seus dois colaboradores de confiança para retomar a discussão e tentar definir com mais clareza o que significava ser uma besta e o que constituía um parceiro ideal de trabalho, para que estivessem preparados para a conversa. Todos concordaram em pedir comida e permanecer no escritório pelo tempo que fosse necessário.

Por volta das seis e meia, a comida indiana estava na mesa de Bob, enquanto Clare e Jeff esperavam Bobby.

– Não lembro exatamente onde paramos no papo do restaurante, quando Bobby e eu tivemos que sair – admitiu Jeff.

– Íamos examinar as palavras que você havia escrito e testá-las em relação a algumas das pessoas problemáticas que trabalham aqui – repassou Clare.

Naquele momento, Bobby entrou na sala.

– Você quer dizer bestas?

Clare revirou os olhos.

– Exato – afirmou Jeff. – Você se lembrou de guardar o papel?

Ela já estava com a folha manchada de molho nas mãos.

Bobby foi direto para a mesa de comida, continuando a conversa:

– Tenho mais um funcionário para analisarmos: Tommy Burleson.

Clare se agitou.

– Pois é, quase me esqueci.

– Mais uma besta? – perguntou Jeff.

Clare olhou para Bobby.

– O que você acha?

Ele pensou um pouco.

– Não sei. Ele não era uma má pessoa, tenho certeza. Provavelmente por isso é que o mantivemos por dois anos antes de despedi-lo. Mas com certeza não era um cara legal para ter no time.

– Por que não? – perguntou Jeff.

– Tommy foi uma das pessoas mais frustrantes com quem já tive que lidar – revelou Clare. – Ele era engraçado. Encantador. Brilhante.

– Sei... Parece um pesadelo – comentou Jeff, sarcástico.

– É isso – disse Clare –, por mais que ele fosse um cara maravilhoso, não conseguíamos fazer com que seu desempenho fosse diferente.

– Você quer dizer que ele não era trabalhador? Que ele era preguiçoso?

Bobby sorriu, inquieto.

– Esse é o problema. Eu não diria que ele era um preguiçoso clássico. Ele fazia tudo o que era pedido.

– E nada mais – completou Clare.

Bobby concordou.

– Ele fazia apenas o suficiente para não ter problemas, mas nunca abraçava de verdade um projeto ou problema com qualquer senso de urgência. Ou entusiasmo.

– Teria sido muito mais fácil se ele fosse uma besta. Ou até mesmo preguiçoso – acrescentou ela.

– Então ele era desmotivado? – testou Jeff, procurando encontrar a palavra certa.

Bobby ficou inquieto outra vez.

– Não. Tommy com certeza era motivado, só que não pelo trabalho. Ele era superempolgado pelo time de softball da empresa, pela pesca com mosca e por histórias da Guerra Civil.

Clare tentou esclarecer.

– Ele simplesmente não era ambicioso.

Anotando em seu caderno, Jeff perguntou a ela:

– O que você quer dizer com isso?

– Quero dizer que ele não era o tipo de pessoa com um senso de motivação pessoal ou desejo de fazer algo grande. – Ela fez uma pausa para pensar. – Talvez porque sua vida sempre tenha sido bastante confortável, ele simplesmente não precisava provar nada para ninguém. Ou conquistar nada. Não sei.

Mesmo com a boca cheia de frango *tikka masala*, Bobby não se conteve:

– Ele seria o melhor vizinho do mundo, mas não alguém com quem você se sentiria confortável se tivesse que depender dele. Ou ter negócios com ele.

Jeff balançou a cabeça, olhando para seu caderno.
- Ambicioso. Eu gosto disso.
- Eu também - disse Clare. - Soa melhor do que trabalhar duro.

Ela se virou para Bobby:
- Por falar em ambicioso, você não vai esperar que rezemos antes de engolir todo o seu pão naan?

Bobby se desculpou e eles abaixaram a cabeça.

Poucos minutos depois, quando todos haviam se servido, Jeff foi até o quadro e escreveu a palavra "ambicioso".
- Ok, acho que é a palavra certa. Precisamos contratar pessoas que sejam ambiciosas. Elas vão além do necessário. São apaixonadas pelo trabalho que estão fazendo. Ambiciosas. - Todos concordaram e Jeff continuou: - E havia o outro conceito sobre o qual conversamos depois que Ted saiu.

Clare assentiu, novamente segurando o papel.
- Pessoas. Algo a ver com inteligência ao lidar com pessoas.

Jeff escreveu "inteligência interpessoal" no quadro.
- Exato. Ted é muito esperto nesse ponto.
- Não tenho certeza - objetou Bobby. - Parece que você quer dizer inteligente.
- Acho que é por isso que gosto - disse Clare. - Não é a descrição típica de um "cara legal". É mais parecido com inteligência emocional, porém mais simples. Significa apenas que a pessoa sabe como agir, o que dizer e o que não dizer. Inteligência interpessoal. Significa muito mais do que apenas ser legal.
- E eu acho que caracterizar isso como "inteligência interpessoal" induzirá as pessoas a pensar de maneira diferente - concordou Jeff. - Elas não vão entender como uma característica dócil ou suave.

Bobby ainda não estava convencido.
- Mas você não será uma besta se for inteligente em suas relações pessoais. Isso deveria ser a única coisa que realmente importa.

Jeff pensou e retrucou:
- Discordo. Uma pessoa inteligente pode ser uma besta. Na verdade, esse seria o pior tipo de besta.
- Explique - interveio Clare.
- Bem, você poderia ser hábil em saber o que e como dizer as coisas e ao mesmo tempo encantar a todos com quem você lida - disse Jeff. - Mas se no fundo estiver agindo assim por interesse próprio, isso faria de você uma besta ao quadrado.
- Traduza, seu espertinho - brincou Bobby.
Jeff sorriu.
- Duas caras. Enganador. Desonesto.
Uma luz pareceu se acender na cabeça de Clare:
- Talvez a próxima ideia entre aí!
- Que ideia? - perguntou Bobby.
Clare olhou para o papel.
- Bem, a palavra que você escreveu foi "despretensioso".
Jeff concordou.
- Exato. Isso veio da nossa discussão sobre Bob. As pessoas da VB não se encaixam em nossa cultura se forem pretensiosas.
- Não acho que pretensão seja o conceito exato - contestou Bobby, para surpresa dos demais. - Talvez eu esteja errado. Quer dizer, pessoas pretensiosas são definitivamente bestas, mas não é só isso. O que faz alguém se destacar de maneira negativa é quando ela é... arrogante. - Ele parecia confiante de que essa era a palavra certa. - Qual é o oposto de arrogância?
- Humildade - respondeu Clare, com entusiasmo. - Bestas não são humildes.
- Exato - disse Bobby. - E isso descreve Bob, com certeza.
Jeff desenhou três círculos no quadro, criando uma espécie de diagrama de Venn, e escreveu "humilde, ambicioso e tem inteligência interpessoal" ao lado dos círculos.

HUMILDE AMBICIOSO

TEM INTELIGÊNCIA INTERPESSOAL

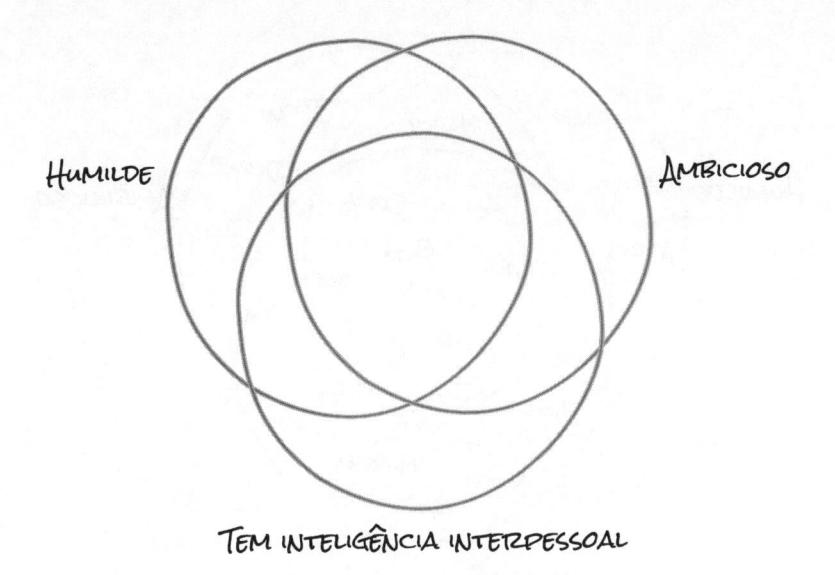

Ele voltou ao seu prato de comida, e os três executivos jantaram, ao mesmo tempo que estudavam o diagrama.

Durante a hora seguinte, analisaram vários funcionários, alguns que poderiam ser classificados como problemáticos, outros como excepcionais e aqueles que ficavam em algum ponto intermediário. Eles os relacionaram às três características, escrevendo seus nomes nos círculos a que pertenciam.

Todos os excepcionais atingiram com facilidade um alto padrão de humildade, ambição e inteligência interpessoal e foram para o centro do diagrama. Outros, que por pouco não alcançaram o padrão ideal em apenas uma das áreas, ficaram mais afastados, enquanto os que tiveram problemas em mais de uma das características foram colocados ainda mais longe.

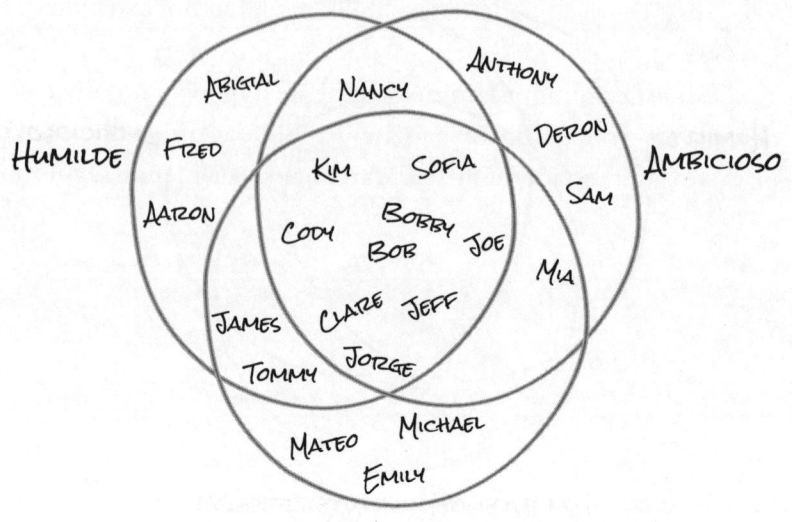

HUMILDE — ABIGAIL, FRED, AARON, NANCY, ANTHONY, DERON — **AMBICIOSO**

Centro: KIM, SOFIA, CODY, BOBBY, BOB, JOE, SAM, MIA, JAMES, CLARE, JEFF, JORGE, TOMMY, MATEO, MICHAEL, EMILY

TEM INTELIGÊNCIA INTERPESSOAL

Jeff insistiu que a equipe de liderança também fosse avaliada da mesma forma, e, embora todos tivessem garantido sua posição no segmento central, o curioso é que cada um foi colocado em pontos diferentes.

Quando terminaram de comer, haviam escrito quase duas dúzias de nomes no diagrama. Clare e Bobby estavam convencidos de que seguiam no caminho certo.

Mas Jeff ainda parecia inseguro.

– Isso tudo ainda parece muito simples para mim. – Ele continuou analisando as três características. – No entanto, não vejo nada faltando. Eu acho que tem a ver com a combinação das três.

– É isso – anunciou Clare, caminhando para o quadro e desenhando um círculo vermelho ao redor do segmento central. – A mágica é que, se pelo menos uma das qualidades estiver substancialmente ausente, você encontrou uma besta.

– Meu Deus, eu poderia ter dito isso – falou Bobby rindo.

Clare atirou a caneta nele.

Os três decidiram usar imediatamente o modelo no processo de contratação, que Bobby batizou de "Blindagem Antibesta". O primeiro a ser testado seria Ted Marchbanks, na manhã seguinte.

Novamente Ted

Ficou combinado que ao longo do dia Ted seria submetido a várias entrevistas com pessoas diferentes. Clare e alguns funcionários do setor de obras teriam encontros individuais durante a manhã, seguido por um almoço com Jeff, tudo com o objetivo principal de avaliar o grau de humildade e ambição de Ted, já que estavam de acordo que ele era uma pessoa que tinha inteligência interpessoal.

A primeira entrevista dele seria com Craig, o encarregado de Oak Ridge. Jeff marcou um encontro com Craig uma hora antes, para ajudá-lo a determinar como avaliar Ted, concentrando-se nas duas virtudes em questão. Jeff admitiu que não seria fácil, uma vez que não havia definições funcionais ou práticas para tais características que pudessem ser observadas em comportamentos específicos.

As instruções de Jeff para Craig foram simples:

– Apenas tente perceber se a intenção dele é continuar trabalhando com afinco, se ele ainda tem o desejo de se comprometer com o trabalho, ou se tudo seria apenas uma distração contra o tédio da aposentadoria.

Craig anotou.

– Entendo. E sobre ser humilde?

– Bem, use seu julgamento. Você sabe como é o jeitão de alguém que não é humilde, certo?

Craig sorriu.

– Bobby provavelmente o chamaria de besta.
Jeff riu.
– Sim, Bobby é bastante consistente em sua linguagem, não é?
Craig fez outra pergunta a Jeff:
– Então, que tipo de comportamento *você* observaria?
Jeff não hesitou.
– Como eu disse, acho que é mais fácil buscar indícios de que ele não é humilde. Arrogância. Presunção. Desdém. Egocentrismo.
Craig anotou.
– Faz sentido. Quer que eu volte amanhã para contar como foi?
Os olhos de Jeff se arregalaram.
– De jeito nenhum. Volte hoje mesmo, assim que terminar.
Craig pareceu um pouco surpreso, mas Jeff explicou:
– Preciso saber o que você achou para pensar no que abordar na entrevista do almoço. E talvez até comunicar aos outros entrevistadores alguns dos seus insights e ajudá-los a se aprofundarem em certas áreas.
– Uau! – Craig pareceu impressionado. – Você não está para brincadeira.
Jeff sorriu.
– Não posso me dar ao luxo de brincar. Há muita coisa em jogo.
Craig franziu a testa.
– Sabe, não quero pressionar, Jeff... – Ele hesitou.
– O quê? Pode falar.
– Você disse que há muito em jogo. Há algo que não sei?
Jeff também hesitou por um segundo, ponderando sobre quanto contar a Craig.
– Ok. O negócio é o seguinte. Temos uma enorme quantidade de trabalho pela frente e precisamos contratar um monte de gente.
Craig assentiu, sem surpresa.

– Isso significa que temos que encontrar pessoas que não irão criar problemas nas obras.

Craig sorriu, concordando.

– Estou sabendo...

– Exatamente. Imagine o que acontecerá se no ano que vem continuarmos tendo problemas semelhantes.

Craig parecia entender.

– Oak Ridge está me matando. Eu acho que não sobrevivo se as coisas piorarem.

Jeff sorriu, mas sem ânimo.

– Exatamente. E se esse cara, Ted, não for dedicado ao trabalho em equipe, se ele não for humilde e ambicioso durante as 24 horas do dia, as pessoas que trabalharão para ele começarão a fazer o mesmo. E isso também vai se refletir nas contratações que ele fizer.

Craig começou a folhear suas anotações.

– Então, vamos repassar isso. Eu quero saber se...

Jeff o interrompeu, quase rindo:

– Relaxe, você não precisa descobrir tudo sozinho. Outras pessoas também se encontrarão com ele. Apenas faça o que combinamos e me dê suas impressões quando terminar.

– Entendi.

Craig parecia aliviado.

Naquele momento, Kim, a recepcionista e assistente do RH, entrou no escritório.

– Com licença. Ted Marchbanks está esperando.

Informe

Assim que Craig terminou a conversa com Ted, Jeff pediu a Kim que o levasse para sua próxima entrevista. Craig ficou para conversar. Quando Ted e Kim saíram, Jeff perguntou, fechando a porta:
– Então, o que você achou?
– Ele é um cara legal – respondeu Craig sem hesitar. – E conhece o negócio como ninguém.
– Você acha que ele tem ambição?
Craig pensou um pouco.
– Sim, quer dizer, ele sem dúvida quer a vaga. E deseja voltar à ativa.
– Ele parece ter uma boa ética de trabalho?
– Não sei como alguém chega a comandar uma divisão da NBC se não for dedicado.
– NBC?
– Sim, North Bay Construction.
– Claro.
Jeff riu. Por um momento, tinha pensado na rede de televisão. Craig ficou curioso.
– Alguma razão para acreditar que ele não seja ambicioso o suficiente?
– Não. Eu só quero ter certeza de que ele realmente se encaixa no perfil. – Jeff consultou seu caderno. – E entusiasmo? Ele ainda é apaixonado por construção e pela ideia de se destacar no trabalho?

Craig pensou por um segundo e assentiu.

– Sim. Ele falou sobre a nova ala do hospital e disse que teria prazer em fazer esse tipo de trabalho. Certamente não aparenta ser o tipo de pessoa que pendurou as chuteiras.

Jeff fez uma anotação.

– E quanto à humildade? Ele foi condescendente ou desrespeitoso de alguma forma?

– Ele não foi prepotente nem desrespeitoso comigo. Quanto ao ego, passei apenas meia hora com ele, mas não vi nenhum sinal que me chamasse a atenção. – Pensou por um momento. – Eu diria que é uma boa pessoa. Com base na minha intuição nesse pouco tempo, provavelmente gostaria de trabalhar para ele.

Jeff fez mais algumas anotações.

– Ok. Obrigado, Craig.

Eles trocaram um aperto de mãos, e Craig já estava saindo do escritório quando Jeff o deteve.

– Ei, como vão as coisas com Nancy?

Craig foi direto.

– Estão melhores. Ela ainda é um mistério para mim. Mas eu a convenci a voltar às reuniões. E encorajei meus rapazes a não se estressarem se ela disser algo que possa irritá-los.

Jeff ficou aliviado.

– Bom, muito bom. – Ele fez uma pausa antes de fazer a pergunta seguinte. – Aqui entre nós, você acha que ela é uma pessoa humilde?

Craig pareceu surpreso.

– Não sei se essa é a melhor palavra para descrevê-la.

– Entendo – continuou Jeff. – Mas ela é arrogante, dessas que pensam ser melhores do que os outros?

Ele balançou a cabeça.

– Não é assim que eu a descreveria. Na verdade, ela trata a todos da mesma forma. E não reclama quando tem que fazer um trabalho mais pesado. Ela é apenas um... – Ele hesitou. – Bom, como eu disse, ela é um enigma.

Jeff apreciou o fato de ele não ter usado a palavra "bruxa".

Cavando

Jeff encontrou Clare para planejar a conversa que ela teria com Ted em 10 minutos.

– Não acho que ele seja preguiçoso ou indiferente – explicou Jeff. – Portanto, não há dúvidas sobre sua ambição.

Clare completou o raciocínio:

– E ele sabe reconhecer as pessoas e fazer com que gostem dele, portanto também tem inteligência interpessoal. O que significa que humildade é o nosso único ponto de interrogação, e parece que ele não fez nada para nos levar a pensar que...

Jeff a interrompeu:

– Não, ele não fez. Mas também não fez nada para indicar que seja humilde.

Clare franziu a testa.

– E como faria isso?

– Não sei. Na verdade, não sei direito o que é humildade.

Clare sorriu.

– Bem... isso é um pequeno problema.

Jeff concordou.

– Eu sei. É que humildade é um tópico complicado. Como saber se não é a esperteza da pessoa que a faz se apresentar como se fosse humilde? Não se trata apenas de não ser explicitamente arrogante. Quantas pessoas se gabam o tempo todo e são condescendentes com os outros?

– Eu conheço várias – afirmou Clare.

– Eu também, mas a maioria delas não está sendo entrevistada para empregos como este. – Pensou por um segundo. – Ou, melhor ainda, a maioria delas não passaria dos 10 primeiros minutos de uma entrevista. Elas são fáceis de detectar.

– Sim, os sutis são os mais perigosos – concordou Clare.

– É por isso que precisamos ser muito, muito cuidadosos... quase paranoicos... quando estamos contratando alguém tão sênior na empresa.

Clare fechou a porta.

– Então, parece que você está com dúvidas sobre Ted.

Jeff balançou a cabeça.

– Não sei se é dúvida. Mas eu ainda não tenho nenhuma confirmação de que ele seja o nosso cara.

– Você quer dizer, uma confirmação de que ele seja humilde.

– Sim. Essa é a minha única questão – confirmou Jeff.

Naquele momento, escutaram uma batida à porta e Kim enfiou a cabeça na fresta.

– Devo mandar Ted entrar?

Clare respirou fundo.

– Não, eu vou buscá-lo. – Ela olhou para Jeff e sorriu. – Tenho uma ideia. Vamos ver o que consigo descobrir.

NOMES

Clare pensou que a melhor maneira de obter uma leitura mais precisa sobre Ted seria levá-lo a um ambiente menos formal.

– Tenho algumas compras para fazer e pensei que poderia entrevistá-lo fora do escritório – anunciou Clare.

Ted deu de ombros.

– Por mim está ótimo.

Eles entraram na minivan de Clare, com cereais espalhados pelo tapete, e foram a uma loja da Target.

– Preciso comprar um presente de aniversário para uma amiga da minha filha – explicou Clare.

Durante o percurso, eles conversaram a respeito da filosofia de trabalho de Ted e sobre as pessoas que gerenciou na NBC. Muitas de suas respostas pareceram apropriadas, embora não específicas. Pelo que contou, nunca teve sérios problemas com seus subordinados.

Quanto ao aspecto menos tradicional da entrevista, Ted lidou muito bem com tudo.

No caminho de volta para o escritório, quando cruzaram uma das novas pontes sobre o rio Napa, Ted anunciou com entusiasmo:

– Este foi um dos meus projetos.

Eles conversaram sobre as longas horas de trabalho e as relações que Ted estabeleceu com políticos do estado e do município.

Quando voltaram ao estacionamento da VB, Clare o deixou

na porta da frente do prédio, para que ele não se atrasasse para a entrevista seguinte.

– Pergunte a Kim e ela lhe mostrará aonde ir.

– Quem é Kim? – indagou Ted, educadamente.

Embora tenha ficado um pouco surpresa, Clare não pensou muito na pergunta naquele momento.

– Kim é a recepcionista que o levou às entrevistas hoje de manhã. Ela trabalha para mim.

Depois de deixar Ted, Clare foi ao escritório de Jeff para compartilhar suas impressões. Ela estava convencida de que Ted tinha tanta inteligência interpessoal quanto qualquer executivo competente que conhecera e que tinha ambição. Quanto à humildade, do mesmo modo que Craig, ela não vira nenhum sinal evidente de alerta.

– O cara é um diplomata. Imperturbável. Não consigo imaginar por que não o contrataríamos.

Jeff franziu a testa.

– Algo errado?

– O quê? – perguntou Clare.

– O jeito que você disse "não consigo imaginar por que não o contrataríamos". Você não parece estar convencida.

Clare pensou, olhando pela janela.

– Bem, talvez eu não esteja. Eu não sei exatamente o que é.

– Como você se sente sobre ele vir a fazer parte de nossa equipe executiva? Você, eu, Bobby e ele?

– Esse é o problema. Não sei dizer se a ideia de acrescentar uma nova pessoa à nossa equipe é o que me incomoda ou se há algo específico sobre Ted.

Naquele momento, Kim bateu à porta e olhou dentro da sala.

– Desculpe incomodar. Eu só quero ter certeza de que está tudo planejado para o restante do dia. – Ela olhou para Jeff. – Depois da próxima entrevista, você vai levar Ted para almoçar, certo?

Clare confirmou por Jeff.

– Sim. Onde você fez a reserva?

– Achei que o Pacific Blues, em Yountville, seria bom. Eles têm a melhor macarronada do Vale.

– Nunca estive lá – admitiu Jeff –, mas para mim está ótimo.

Kim ia saindo quando Jeff a deteve.

– Posso lhe fazer uma pergunta, Kim?

– Depende da pergunta – provocou ela.

– É justo. Sério, o que você acha de Ted?

Kim não estava preparada para isso.

– Como assim?

Jeff sorriu.

– O que você acha dele? Você o contrataria? Gostaria de trabalhar com ele todos os dias?

Kim pareceu um pouco desconfortável.

– Uau. Isso é complicado.

Clare ficou curiosa.

– Por que complicado?

Kim entrou no escritório e fechou a porta.

– Porque se eu disser que ele deu em cima de mim e depois você o contratar, ele não vai gostar.

– Ele deu em cima de você? – Clare arregalou os olhos.

Kim riu.

– Não. É só um exemplo. O que quero dizer é que eu não gostaria de dizer alguma coisa ruim sobre alguém com quem teria que trabalhar futuramente.

Jeff se endireitou na cadeira.

– Bem, em primeiro lugar, você faz parte da equipe e é importante para a empresa, Kim. Eu confio em suas opiniões tanto quanto nas de qualquer outra pessoa. Eu deveria ter incluído você na agenda de entrevistas.

Kim riu.

– Você tem algo negativo a dizer sobre Ted? – indagou Clare.

– Não sei. Quer dizer, eu já conheci pessoas bem piores.
– O que você quer dizer? – perguntou Jeff.
– Bem, ele não foi exatamente amigável quando chegou hoje de manhã.
– Como assim? – Clare pareceu surpresa.
– Ted ficou na minha sala por uns 15 minutos, estávamos apenas nós dois e ele não me fez uma única pergunta. Acho que nem mesmo reparou que eu estava lá. Eu o levei a vários lugares nas últimas horas, e ele não me dirigiu nenhuma palavra além de "onde é o banheiro?" ou "você poderia recarregar meu celular?".

Clare olhou para Jeff tentando adivinhar seus pensamentos. Ele estava tomando notas.

– Ele agradeceu por ter recarregado o celular dele? – perguntou Jeff.

Kim precisou pensar.
– Provavelmente. Eu não me lembro.
– Então ele não foi nada efusivo.

Kim balançou a cabeça.
– Não. Minha sensação é que ele presumiu que era minha obrigação. – Ela franziu a testa. – Não estou dizendo que ele seja uma besta. De jeito nenhum. Mas, se amanhã nos esbarrarmos na rua, ficarei surpresa se ele se lembrar de mim.

Foi então que Clare se deu conta.
– Ele não sabia o seu nome!
– O quê? – Kim ficou confusa.
– Quando eu o deixei aqui 10 minutos atrás, pedi que procurasse você e ele perguntou quem era Kim.
– Tem certeza? – indagou Jeff.

Clare assentiu.
– Sim. Sem dúvida.

De repente, Kim se sentiu desconfortável.

– Ouça, eu não quero detonar esse cara. Talvez ele estivesse meio distraído ou em um dia ruim.

Jeff foi contido.

– Tem razão, Kim. E você não está detonando o Ted. Não vamos tirar conclusões precipitadas. Mas é melhor sermos prudentes e analisarmos o quadro completo.

Clare estava prestes a agradecer a Kim e deixar que ela fosse embora, quando algo lhe ocorreu.

– Sabe o que devemos fazer? Precisamos descobrir se ele só está num dia ruim, e isso é uma anomalia, ou se esse é o comportamento típico de Ted.

– E o que você sugere? – quis saber Kim.

– Bem, quando checarmos suas referências na NBC, teremos algumas conversas informais com a equipe administrativa de lá.

Jeff ficou confuso.

– E vamos simplesmente ligar para a recepção e perguntar: "Com licença, pode me informar se Ted Marchbanks é uma besta?"

Kim riu.

– Na verdade, não deve ser tão difícil. Se ele for, ficarão satisfeitos em dizer. Se não, também ficarão satisfeitos em dizer. Terei uma resposta em 15 minutos.

De repente, Clare e Jeff começaram a rir como adolescentes planejando roubar o carro dos pais para dar uma escapada.

– Não podemos fazer isso, podemos?

Jeff olhou para Clare em busca de orientação.

Ela respondeu, mas sem muita convicção:

– Bem, não formalmente. Quer dizer, não seria profissional.

– Mas não seria tão antiprofissional quanto não descobrir – rebateu Kim.

– Eu concordo – ponderou Jeff.

– Quer dizer, se é assim que Ted trata as pessoas que estão

abaixo dele na hierarquia – continuou Kim –, então eu não o quero aqui. Isso não reflete a cultura da VB, de jeito nenhum.

Clare e Jeff se entreolharam em concordância.

– Então, como podemos obter essas informações da maneira correta? – perguntou Clare.

Kim respondeu em tom sério:

– Meu irmão pode hackear seus registros pessoais e ver se existe alguma acusação.

Clare ficou horrorizada.

– Diga que você está brincando.

– Não, ele é muito bom nessas coisas.

Descrente, Jeff lançou um olhar firme para a recepcionista.

Clare começou a repreendê-la:

– Mas, Kim, isso é...

Kim a interrompeu:

– Ah, gente. Claro que estou brincando. Não sou boba.

Clare e Jeff caíram na gargalhada.

– Mas eu tenho mesmo um irmão, e a irmã da namorada dele trabalhou na NBC. Posso ver se ela falaria conosco. Não deve haver nada de errado nisso.

Jeff encerrou a conversa.

– Sim, seria bom. Certifique-se de que seja feito de maneira adequada e respeitosa. E vou ver o que mais posso descobrir hoje à tarde na conversa com ele.

– E o que você vai fazer? Perguntar se ele trata mal a equipe? – indagou Clare.

Jeff deu de ombros.

– Talvez.

Exposto

Como o Pacific Blues ficava na direção em que Ted seguiria após o almoço, ele e Jeff decidiram ir cada um em seu carro. O restaurante não estava muito cheio, e Jeff conseguiu uma boa mesa, num ambiente tranquilo.

Assim que fizeram o pedido, Jeff foi direto ao assunto.

– Como foram as entrevistas até agora?

– Muito bem. Todos foram muito gentis comigo. Eu sempre soube que a VB era um lugar com pessoas de alto nível.

Jeff decidiu ser o mais direto possível.

– Você sente que se adaptaria bem em nossa cultura organizacional?

– Claro – respondeu Ted imediatamente. – Como eu disse, acho que é uma boa empresa.

Jeff avançou no assunto.

– Como você descreveria a cultura em North Bay? E de que modo seria diferente conosco?

Ted ergueu as sobrancelhas, como se não tivesse pensado nisso.

– Bem, me parece que vocês são menores, portanto as coisas são um pouco menos formais.

– North Bay era formal?

– Eu diria que sim. Ou melhor, mais pessoas de terno e gravata e escritórios mais sofisticados.

– E você se adaptou bem?

Ted deu de ombros.

– Sem grandes problemas. Eu gostava de trabalhar lá.
– E as pessoas que trabalhavam com você? Como elas descreveriam seu estilo de gestão?

Ted mudou de posição na cadeira e respondeu com confiança:
– Elas diriam que fui um bom chefe. Eu era exigente, mas cuidei do meu pessoal.
– O que você quer dizer com isso? – perguntou Jeff, casualmente.
– Bem – Ted parou para pensar –, garanti que tivessem bons salários e boas oportunidades de crescimento na empresa depois da conclusão dos meus projetos.
– E quanto às pessoas que não trabalhavam diretamente nos seus projetos? Outros funcionários, do administrativo, por exemplo. Se eu perguntasse a eles sobre você, o que diriam?

Ted então pareceu intrigado. Com uma leve ponta de irritação, respondeu:
– Nunca tive problemas com ninguém, se é isso que você está dando a entender.

Jeff podia sentir o desconforto no ar e decidiu prosseguir com mais cautela.
– Desculpe se tudo isso parece inusitado, Ted. Deixe-me tentar ser mais transparente. – Jeff respirou fundo. – Esse cuidado deliberado sobre a cultura é realmente importante para nós, agora mais do que nunca, já que Bob se afastou. Uma das coisas que mais valorizamos na empresa é a forma como as pessoas tratam umas às outras.

Ted assentiu com entusiasmo.
– Uma das características de Bob é que ele trata a todos da mesma forma. Não importa qual é o seu trabalho, de qual departamento faz parte ou quanto ganha.
– Acho isso bom – respondeu Ted, diplomaticamente. – Bob é um cara bacana, e eu concordo com ele.

Jeff estava frustrado por não conseguir comunicar a importância da humildade de uma forma que não soasse genérica. Ele tentou ser um pouco mais claro.

– Veja, resolvemos ser meio fanáticos a respeito disso. – Ele fez uma pausa e continuou: – Na verdade, estamos estabelecendo esse padrão de tal forma que uma pessoa que não compartilhe de nossos princípios simplesmente detestaria trabalhar conosco. Seria muito desagradável.

Embora Ted não tenha demonstrado ficar abalado, Jeff teve certeza de que ele recuou ao ouvir a palavra *desagradável*. De qualquer modo, logo se recuperou:

– Acho que uma cultura forte é muito importante. Na verdade, tenho a impressão de que a NBC poderia melhorar nessa área.

Jeff assentiu, ponderando sobre o comentário de Ted. Então resolveu ousar um pouco mais.

– Ted, tudo em nossa cultura gira em torno de humildade, ambição e inteligência na maneira como interagimos uns com os outros. Acreditamos que isso é fundamental para criar um ambiente propício para o trabalho em equipe.

Jeff estava mais confiante do que esperava, mas decidiu que sutileza não iria funcionar.

– Portanto, vamos viver isso 24 horas por dia. Vamos falar sobre essas questões durante o recrutamento, as entrevistas, as reuniões da empresa, as análises de desempenho, as decisões de remuneração, tudo.

– E quanto ao desempenho? – perguntou Ted, um pouco cético. – Entregar projetos no prazo e dentro do orçamento?

Jeff pensou por alguns segundos.

– Esses pontos são fundamentais, sem dúvida. Mas acredito que, se juntarmos pessoas humildes, ambiciosas e com inteligência interpessoal e ao mesmo tempo transmitirmos clareza sobre o que precisa ser feito, chegaremos a esses resultados.

Ted assentiu, mas não parecia convencido.

– Parece um bom plano. Acho que eu poderia ajudar nisso tudo.

Jeff mudou o tom da conversa e passou os 20 minutos seguintes perguntando a Ted como faria para compartilhar recursos entre os dois novos projetos e como ele lidaria com as contratações. Foi uma verdadeira aula, e Jeff passou a apreciar a experiência de Ted e até mesmo a estimá-lo como pessoa. Porém, ainda não estava convencido de que ele seria a opção certa para a VB.

Ao final da entrevista, Jeff fez uma última pergunta:

– Com quem posso falar na NBC sobre sua passagem por lá e sua adequação à cultura da empresa?

Ted hesitou.

– Bem, algumas pessoas da minha equipe saíram e eu preciso verificar com...

Jeff o interrompeu educadamente:

– Tudo bem. Pode ser qualquer pessoa, mesmo que não esteja mais lá. Apenas alguém que o conheça bem e que tenha uma boa percepção.

Ted fez uma pausa, parecendo um pouco desnorteado.

– Posso pensar e enviar alguns nomes hoje à tarde?

Jeff concordou e eles encerraram a entrevista.

– Ted, você é uma pessoa incrivelmente talentosa e, se a VB for o lugar certo, será um privilégio tê-lo conosco.

Enquanto se despediam, Jeff teve certeza de que Ted estava em dúvida se deveria se sentir lisonjeado ou ameaçado.

Pontos de referência

Ao final do dia, Jeff verificou suas mensagens e e-mails. Ted ainda não havia mandado suas referências. Clare passou pela sala do chefe para saber se havia alguma novidade.
— Nada ainda — anunciou, decepcionando-a.
Clare tentou sugerir opções.
— Bem, eu conheço um cliente de Ted de alguns anos atrás e posso tentar falar com ele. E talvez aquele primo em segundo grau do melhor amigo da namorada do irmão da Kim tenha algo para nós em breve.
Jeff riu.
— Eu também odeio esperar.
Clare tomou uma decisão repentina.
— Ah, que diabos. Vou ligar para a chefe do RH da NBC. Eu a encontrei algumas vezes. Como Ted não trabalha mais lá, talvez ela ajude.
Clare foi direto ao telefone.
— Então, nossa questão é apenas humildade? — perguntou ela enquanto buscava o número em seus contatos. — Não vamos perguntar sobre mais nada?
Jeff deu de ombros.
— Não sei. Quer dizer, se não temos dúvidas sobre sua competência técnica, acho que devemos nos concentrar no que nos preocupa.
— Estou acostumada a fazer pesquisas genéricas — comentou

Clare assim que encontrou o número. – Vai ser estranho examinar um único ponto.

– Bom – Jeff sorriu –, acho que estamos fazendo a coisa certa. Afinal, queremos que a VB seja uma empresa diferente, no bom sentido.

– O que você quer dizer?

– As pessoas que não se ajustam aqui devem pensar que somos meio estranhos, certo?

Clare se agitou.

– Estranhos? Não acho estranho ser humilde, ambicioso e ter inteligência interpessoal.

– Não para nós. Mas alguém socialmente inepto não pensaria que somos tolos por nos importarmos tanto com inteligência interpessoal?

Ela assentiu.

– E se for um egocêntrico, pensará que este é um lugar estranho para trabalhar.

Clare pareceu mais aliviada.

– Eu acho que você está certo. Estranho no bom sentido.

– Vamos descobrir se Ted Marchbanks é estranho no bom sentido.

Clare digitou o número, sussurrando para Jeff:

– O nome dela é Marie.

Uma mulher atendeu após o primeiro toque.

– Marie.

– Marie, eu sou Clare Massick, chefe do RH da Valley Builders, e Jeff Shanley, nosso CEO, está aqui comigo. Não sei se você se lembra de mim, mas nos encontramos algumas vezes.

– Claro que me lembro de você – disse Marie com naturalidade. – Como posso ajudá-los?

– Seria excelente se você pudesse nos dizer algo sobre Ted Marchbanks. Temos conversado e gostaríamos de saber se você acha que ele seria uma boa escolha para integrar nossa equipe.

Marie hesitou.

– Bem, Ted é muito competente e profissional.

– Ótimo – respondeu Clare. – E em relação à atitude? Você diria que ele é receptivo a comentários e capaz de admitir caso esteja errado?

A ligação ficou em silêncio por um momento, até que Marie enfim respondeu:

– Como eu disse, Ted é semelhante à maioria dos funcionários daqui. Ele é profissional, positivo e trabalhador.

Clare franziu a testa para Jeff, como se dissesse "resposta óbvia".

– Você pode contar por que Ted deixou a NBC? – interveio Jeff.

– Não, infelizmente não posso – respondeu a mulher de imediato. – Isso vai contra nossas normas. Mas posso dizer que ele não foi demitido por justa causa e que o recomendaríamos a um potencial empregador.

Clare apertou a tecla mudo e disse a Jeff:

– E como eles poderiam saber se ele seria uma boa opção para o potencial empregador?

Clare voltou ao viva-voz.

– Marie, o que você acha que o pessoal do administrativo que trabalhou para Ted diria sobre ele?

Mais uma vez, Marie respondeu sem hesitar:

– Nunca houve qualquer reclamação formal. Eu não sei o que mais posso lhe dizer.

Estava claro que Marie queria desligar e que não seria uma fonte útil de informações.

Clare encerrou a conversa.

– Obrigada, Marie. Agradecemos sua atenção.

– De nada. Boa sorte na contratação – falou ela cordialmente e encerrou a ligação.

– Bem, foi uma perda de tempo – reclamou Jeff.

– Sim, foi. Mas é isso que acontece hoje em dia quando ligamos para uma empresa que quer evitar processos. Espero conseguir logo mais referências sobre Ted para que possamos descobrir alguma coisa concreta. – Clare fez uma pausa. – O que o seu instinto diz?

Jeff franziu a testa.

– Ainda estou dividido. Só espero que consigamos algo definitivo com alguma dessas referências ou com o melhor amigo do primo da namorada do irmão da Kim.

Clare riu, e nesse momento o celular de Jeff tocou.

– Vou deixar você à vontade. Eu tenho uma reunião agora.

Se soubesse quem estava ligando, Clare teria ficado.

A LIGAÇÃO

Jeff não reconheceu o número. Ele nunca havia falado com Ted ao telefone.
– Jeff, é Ted Marchbanks.
– Ei, Ted. Eu vi há pouco que você ainda não me enviou suas referências. E então?
– Bem, é sobre isso que quero falar. Depois do nosso almoço de hoje, conversei com minha esposa. E, bem, estou pensando que talvez não devesse voltar ao trabalho tão depressa.
Jeff ficou pasmo.
– Uau. O que o levou a tomar essa decisão?
– Talvez eu tenha agido por impulso – disse Ted, impassível. – Não sei se estou pronto para abrir mão da aposentadoria.
Jeff não acreditou em uma palavra do que estava ouvindo. Tudo parecia uma grande desculpa. Ele ficou chocado.
– Devo dizer que estou um pouco surpreso – confessou Jeff. – Ou talvez mais do que um pouco.
– Eu sei. Desculpe o transtorno.
Jeff respondeu de maneira reflexiva:
– Não, não. Quer dizer, foram apenas alguns dias. E você tem que fazer o que achar melhor para você e sua esposa. Não se preocupe.
Depois de um silêncio incômodo, Jeff confirmou:
– Então, você está definitivamente desistindo do processo?
Outra pausa.

– Sim – respondeu Ted –, estou desistindo do processo.

– Tudo bem. Mantenha contato. Se mudar de ideia, por favor, nos avise.

Jeff esperava que Ted não deduzisse que havia um emprego esperando por ele.

– Obrigado, Jeff. Boa sorte para vocês.

E foi assim que a conversa terminou.

Jeff permaneceu sentado, experimentando emoções variadas, a maioria desagradáveis. Por um lado, ele receava ter que contar a Clare, e especialmente a Bobby, que a pessoa em que depositaram tanta fé para resolver grande parte do problema havia desistido. Isso com certeza afetaria sua moral.

Além disso, Jeff não sabia se encontrariam alguém em tão pouco tempo. A mera logística da situação era suficiente para provocar certo pânico.

Ao mesmo tempo, sentia um estranho alívio que esperava ser capaz de descrever para Bobby e Clare. Naquele momento, ele não tinha certeza se concordariam.

Angústia

Antes mesmo de Jeff encontrar Clare, ela ligou para anunciar que sua reunião fora cancelada e que Bobby estava voltando para o escritório.

– Ele quer saber se há algo de novo sobre Ted – explicou. – Eu disse que ainda não havia notícias.

Jeff tentou esconder qualquer indício de decepção em sua voz.

– Por que vocês não vêm mesmo assim? – sugeriu.

Quinze minutos depois, os dois executivos entraram na sala de Jeff sorrindo, sem a menor ideia do que estavam prestes a descobrir.

– Alô, chefe! – exclamou Bobby, antes de ajustar sua abordagem. – Ih... algo errado?

– Por quê? – perguntou Jeff.

– Você parece meio deprimido – confirmou Clare. – Ou...?

Jeff respirou fundo.

– Sentem-se.

– Ihh... – repetiu Bobby.

– Ok, o problema é o seguinte. Ted acabou de ligar e... – Jeff continuou após uma pausa – ... ele optou por desistir do processo de seleção.

– O quê? – perguntou Bobby, imediatamente. – Por quê?

– Ele disse que não tem certeza se quer mesmo abrir mão da aposentadoria.

Bobby ficou sério.

– Conversa fiado. Esse cara odeia a aposentadoria. Que mais ele disse?

Jeff olhou para Clare antes de responder:

– Foi isso que ele disse. Mas acho que tem mais.

– Mais o quê? – Bobby quis saber.

Clare interveio e dirigiu sua pergunta a Jeff.

– Você acha que nós o assustamos?

– O quê? – Bobby parecia quase zangado. – Como?

– É possível que ele tenha se sentido meio ameaçado por toda aquela questão de cultura organizacional – admitiu Jeff. – Ou ficou ofendido ou não gostou do que ouviu.

Bobby estava incrédulo.

– Conseguimos descobrir algo por meio das referências que ele deu?

– Ele não enviou as referências – explicou Jeff. – Mas fizemos um contato que achamos que poderia nos ajudar.

– Sim, ligamos para a chefe do RH da NBC – acrescentou Clare –, mas ela não nos contou nada substancial, apenas uma informação genérica sobre ele não ter sido demitido por justa causa. Os outros ainda não retornaram.

Todos se calaram por alguns longos segundos.

– Vocês não acham que estamos levando essa coisa de cultura longe demais? – Bobby não estava fazendo uma pergunta de fato. – Quer dizer... estamos ferrados!

Jeff teve um impulso de discutir com Bobby, mas resolveu deixá-lo desabafar.

– Ninguém é perfeito. Não podemos nos dar ao luxo de colocar todas essas restrições às pessoas que contratamos. – Ele se virou para Jeff: – Você mesmo disse que teremos que contratar mais gente que o necessário para termos pessoal suficiente, e depois vai e torna todo o processo mais difícil. Isso é uma loucura, é como lutar boxe com as mãos amarradas.

– Bobby, ele não seria apenas um funcionário. Seria um líder, alguém que vai contratar outras pessoas – rebateu Clare. – Além disso, é um cara com quem teremos que trabalhar, dependeremos dele. E se ele não for a pessoa certa, não podemos esperar que os outros entendam as circunstâncias.

Jeff ficou feliz porque Clare parecia ter entendido o problema. Até que ela se virou para ele:

– Então, há alguma maneira de fazer com que Ted reconsidere? Ele estava irredutível?

– Não acho que ele irá reconsiderar – respondeu Jeff. – E não estou convencido de que desejamos que ele o faça.

Bobby suspirou.

– Talvez toda essa história de humildade, ambição e inteligência interpessoal esteja errada.

Clare deu de ombros.

Jeff não podia acreditar que a decisão de um homem de não aceitar um emprego poderia levar pessoas inteligentes a abandonarem seus padrões e princípios assim tão depressa. Por mais que quisesse provar que seu trabalho em torno de humildade, ambição e inteligência interpessoal estava certo, ele não encontrou nenhuma abertura naquele momento. Então, permaneceu calado por alguns incômodos segundos.

Bobby quebrou o silêncio.

– Tenho que estar em Oak Ridge em 10 minutos. E depois tenho um jantar. Vejo vocês amanhã. – Em seguida, acrescentou, sem olhar para Jeff: – Lamento ter ficado chateado assim, mas estou com dificuldades de assimilar isso tudo.

E, com essas palavras, foi embora.

Escuridão

Depois que Bobby saiu, Jeff e Clare se entreolharam.

– Você acha que estamos errados sobre humildade, ambição e inteligência interpessoal? – perguntou Jeff.

Clare respirou fundo.

– Não sei. Quer dizer, tudo parece muito óbvio para estar errado. Se você excluir uma dessas três virtudes, terá alguém com quem não vai querer trabalhar. Mas talvez isso tudo seja idealista demais.

Resistindo à vontade de continuar a conversa, Jeff resolveu que um descanso seria o mais apropriado para o momento.

– Vamos continuar amanhã, quando não estivermos nos sentindo tão sobrecarregados.

Clare foi mais do que receptiva à sugestão.

Naquela noite, depois de colocar as crianças na cama, Jeff e Maurine tiveram uma longa conversa sobre trabalho. Depois de ele explicar a situação, ela lhe ofereceu o melhor conselho que recebera em anos.

– Não seja bobo, querido – disse ela, sem uma gota de ironia. – Não é porque é simples que não é correto.

– Então, o que eu digo ao Bobby? – rebateu Jeff, colocando os assuntos práticos antes dos teóricos. – Ele está bravo.

Maurine não hesitou.

– Diga que ele está apenas se comportando como uma besta. Esse cara, Ted Montgomery...

– Marchbanks – corrigiu Jeff.

– Tanto faz. Seria terrível trabalhar com Ted Marchbanks. Até eu sei, pelo meu trabalho em publicidade e por ser voluntária na escola e na igreja, que você produz muito mais com três pessoas que se adaptam do que com uma quarta que não se ajusta. E, mais importante de tudo, uma pessoa precisa de humildade para se adaptar.

Agora era Jeff quem estava bancando o advogado do diabo.

– Não sabemos se Ted é ou não humilde.

– Você está falando sério? – perguntou ela gentilmente, com incredulidade. – Todas as suas descrições indicam que esse cara é um político perfeito.

Os olhos de Jeff se arregalaram pela precisão da avaliação.

– E você sabe o que acontece quando você contrata um político? – perguntou Maurine, retórica. – Politicagem. Complicações. Ego. Se houver uma única palavra que descreva o tio Bob, com certeza não será político.

Antes que Jeff pudesse responder, Maurine encerrou o assunto.

– E, do pouco que sei sobre Bobby, a última pessoa com quem ele gostaria de trabalhar é com um político.

Jeff sabia que sua esposa estava certa. Pena que ela não aceitou ir até o escritório na manhã seguinte para dizer a Bobby que ele estava se comportando como uma besta.

Primeiras Luzes

Na manhã seguinte, Jeff foi cedo para o trabalho, sem saber exatamente o que faria. Quando Clare chegou, ele relatou a conversa que tivera com Maurine na noite anterior.

– Na teoria, tudo isso faz sentido – concordou ela. – Mas a nossa realidade quase nos obriga a esquecer essa história toda e administrar a VB como qualquer outra empresa genérica que existe.

Jeff se levantou, mal-humorado.

– O que precisamos é parar de pensar em Ted Marchbanks e decidir se estamos ou não comprometidos com nosso modelo. Se funciona na prática.

– Eu não sei. E como poderemos provar isso a Bobby? – indagou Clare.

Jeff pareceu ter um lampejo.

– E se usássemos o modelo para analisar a situação de Oak Ridge?

– O que você quer dizer? – perguntou ela.

– Vamos examinar as pessoas envolvidas e ver se os conceitos de humildade, ambição e inteligência interpessoal ajudam a entender o que aconteceu por lá e como resolver a situação.

– Não deveríamos fazer isso com o Bobby?

Jeff assentiu.

– Provavelmente. Se você conseguir fazê-lo esquecer Ted por meia hora.

– Acho que consigo.

E com isso Jeff ligou para Bobby e pediu que fosse à sua sala assim que chegasse ao escritório.

– Que tal em 15 segundos? – perguntou Bobby, com uma leve irritação em sua voz. – Estou no corredor.

Três minutos depois, ele entrou.

– Desculpe demorar tanto. Eu tive que fazer pipi.

Jeff ficou feliz em ver que um pouco do humor de Bobby estava começando a voltar.

Bobby se sentou e viu que Clare estava diante do quadro desenhando um diagrama das equipes de projeto de Oak Ridge, começando com Nancy e Craig, e incluindo os mestres de obras e os principais gerentes de projeto; eram nove pessoas ao todo.

– O que você está fazendo? – perguntou Bobby, de repente sem nenhum sinal de bom humor.

Jeff respirou fundo.

– Bobby, temos que decidir se essa coisa de humildade, ambição e inteligência interpessoal de fato funciona ou se é apenas uma teoria que só dificulta nossas vidas.

Bobby se ajeitou na cadeira.

– Estou gostando. Vamos nessa.

Clare foi até o quadro e desenhou um círculo ao redor do nome de Nancy.

– Ok, concordamos que Nancy não é muito boa em lidar com pessoas, mas não é arrogante nem preguiçosa. Ela é humilde e ambiciosa, mas lhe falta inteligência interpessoal. Cria muitos obstáculos que depois precisam ser removidos.

Bobby concordou.

– Então, vamos dar uma olhada na equipe dela – sugeriu Clare.

Os executivos avaliaram os três subordinados de Nancy, incluindo Pedro e Carl, os dois mestres de obras que pediram demissão e tiveram que ser substituídos. A conclusão foi que Pedro era claramente um parceiro ideal de trabalho e que reunia as três virtudes. Carl, por outro lado, tinha uma deficiência significativa no que se refere à ambição.

– É por isso que o pessoal de Craig ficou irritado com os atrasos no cronograma – concluiu Bobby. – Aposto que se tivéssemos nos livrado de Carl, teríamos mantido Pedro.

Embora satisfeito em ver que as avaliações faziam sentido, Jeff percebeu que ainda não havia conquistado Bobby. Então ele aumentou a pressão.

– Continuemos, Clare.

– Ok, vamos falar sobre Craig e a equipe dele. O que podemos destacar?

Jeff ficou satisfeito em ver que Bobby tomou a iniciativa.

– Craig definitivamente tem ambição. Ele talvez seja o cara mais dedicado da minha equipe. Eu nunca preciso pedir que ele faça as coisas, e ele está sempre pensando em como ajudar os outros.

Jeff ficou curioso.

– E você acha que ele é humilde? Craig não me parece arrogante.

Bobby assentiu.

– Ele não dá trabalho. Não precisa de atenção nem se autopromove, de forma alguma. Não costumo prestar muita atenção nele, justamente porque nunca há problemas na área que ele administra.

– Ele tem inteligência interpessoal? – perguntou Clare.

Jeff olhou para Bobby em busca de uma resposta.

– Bem, estou convencido de que ele não tem culpa dos problemas em Oak Ridge, se é isso que você quer saber. – Fez uma pausa e olhou para Jeff. – Você tem lidado com ele nos últimos tempos. Qual sua opinião?

– Não acho que Craig seja um superdiplomata como Ted, por exemplo. Ele é sincero, direto e não mede as palavras. Eu gosto disso. Estou curioso para conhecer a opinião dos subordinados dele.

– Quem trabalha com Craig faria qualquer coisa por ele –

disse Bobby, com orgulho. – Todos o adoram. Ele sabe quando alguém precisa de um puxão de orelha e quando precisa de um tapinha nas costas. O cara é um mestre.

Clare acrescentou:
– Todos os anos ele recebe as melhores avaliações possíveis de desempenho. – Ela parou por um momento, quando algo lhe ocorreu. – Sabe, se Craig saísse da empresa, aposto que uma dúzia ou mais de pessoas iriam junto, aonde quer que fosse.

Jeff levou a conversa adiante.
– Ok, Craig tem inteligência interpessoal e trabalha bem em equipe. Vamos continuar. E quanto aos seus subordinados?

Clare circulou outro nome no quadro.
– Bem, o que você me diz sobre Brandon?

Clare o conhecia bem e estava narrando as impressões que tinha, quando de repente Bobby a interrompeu:
– Espere um segundo – disse, levemente zangado.

Jeff e Clare olharam em sua direção.
– Por acaso somos bestas? – perguntou Bobby, em voz alta. – Por que não contratamos Craig?
– Ele já trabalha aqui – retrucou Clare.
– Não, digo: por que não o trazemos para fazer parte de nossa equipe?

Jeff ficou mais que surpreso.
– Craig?
– Sim, por que não? – retrucou Bobby.
– Acho que nunca pensei nele nesse sentido.

Bobby manteve o raciocínio.
– O cara conhece o negócio pelo avesso. E se estamos falando sério sobre humildade, ambição e inteligência interpessoal, ele seria campeão.

Jeff não tinha certeza se Bobby estava falando sério ou apenas testando seu comprometimento com o modelo.

Felizmente, Clare intercedeu:

– Ele é completamente diferente de Ted. Quer dizer, um foi diretor de uma divisão de 60 milhões de dólares numa empresa, com anos de experiência, trabalhando no alto escalão, e o outro...

Ela fez uma pausa e não terminou a frase. Mas Bobby completou:

– E o outro cara está sendo testado há 10 anos e comprovando que é um bom parceiro de trabalho.

Jeff olhou para Bobby.

– Você acha que ele tem maturidade suficiente? Será que ele consegue lidar com o nível de estresse e com ainda mais bolas para fazer seus malabarismos?

Bobby refletiu um pouco.

– Eu diria que não, se fosse o caso de ele trabalhar em outra empresa sem qualquer ajuda. Mas aqui, com o nosso suporte, não tenho dúvidas de que ele é capaz.

– Mesmo? – perguntou Clare.

Bobby não hesitou.

– Tenho certeza. – E então ele acrescentou algo que encerrou a questão: – E você sabe muito bem que ele se adequaria a nós muito melhor do que Ted Marchbanks.

Jeff ficou chocado.

– Então você concorda que Ted não se encaixaria?

Bobby deu de ombros, demonstrando certa culpa.

– Eu tinha minhas dúvidas sobre a humildade dele. Mas quando você está desesperado...

Clare terminou a frase por ele:

– Você faz besteiras.

NANCY

Por mais que quisesse encerrar a conversa e cantar vitória, Jeff ainda tinha uma preocupação.

– E Nancy? – perguntou, de repente.

– O que tem ela? – respondeu Clare.

– O que faremos com alguém a quem falta uma das três características?

Ninguém soube responder, então Jeff continuou:

– Não vamos simplesmente demiti-la. Mas qual a melhor maneira de dar a ela a chance de ser uma verdadeira integrante da equipe?

– Bem, conheço alguns consultores que dão assessoria individual – sugeriu Clare, sem entusiasmo.

Bobby balançou a cabeça.

– Não, isso em geral não funciona. Demora meses e apenas afasta as pessoas. Vale mais como uma preparação para o emprego seguinte.

– Concordo – disse Jeff.

Clare não contra-argumentou, mas ponderou:

– O que precisamos é de algo mais prático e funcional. Precisamos saber se ela de fato deseja mudar ou mesmo se tem capacidade para tanto.

Jeff teve uma ideia.

– Ei, por que não a entrevistamos?

– Como assim? – Bobby ficou confuso.

– Por que não sentar e conversar com Nancy do mesmo jeito que fiz com Ted? – Jeff não esperou uma resposta. – Se ela não tiver vontade de continuar na empresa, provavelmente deixará isso bem claro. Quem sabe ela mesma tome a decisão de sair.

Bobby não pareceu animado.

– Eu não quero perder mais ninguém. – Antes que Clare pudesse contestar, continuou: – Mas se é isso que precisa acontecer, concordo.

Clare deu um tapinha em sua cabeça.

– Eu não quero fazer nenhuma caça às bruxas ou algo assim – esclareceu Jeff. – Vou apenas descrever o que estamos tentando fazer para mudar nossa cultura e ver sua reação.

– E se ela disser que está pronta? – perguntou Bobby. – Como ensinaremos a ter mais inteligência interpessoal?

– Essa é a pergunta do milhão, meu amigo – anunciou Clare. – Se Átila, o rei dos Hunos, entrasse agora neste escritório e me convencesse de que quer aprender a lidar melhor com as pessoas, tenho certeza de que seria possível. O progresso em treinamentos depende de quanto a pessoa deseja mudar.

Jeff tinha esperanças de que Nancy fosse mais dócil do que Átila, o Huno.

Parte cinco

Indicadores

Reentrevistando

Após o almoço, Nancy foi ao escritório de Jeff. Como ela não sabia o propósito da reunião, Jeff, pensando que o encontro poderia deixá-la agitada, pediu que deixasse livre o restante do dia. Ele decidiu que valeria a pena um pouco de estresse momentâneo, proporcionando tempo suficiente para apurar se ela estava aberta a mudanças ou até mesmo para iniciar o processo.

Nancy se sentou em uma das cadeiras diante da grande mesa do tio Bob, e Jeff teve a impressão de que ela não estava feliz com a situação.

– Como vai você, Nancy? – perguntou, com visível interesse.

– Estou bem, Jeff – retorquiu ela, secamente. – O que você está achando de seu novo emprego?

Embora Nancy não parecesse de fato interessada, Jeff respondeu como se ela estivesse morrendo de vontade de saber:

– O desafio tem sido maior do que eu esperava, mas as pessoas que trabalham comigo são melhores do que eu poderia imaginar.

Nancy assentiu, como se dissesse "bom para você".

Jeff foi direto ao ponto, determinado a ser ao mesmo tempo firme e gentil.

– O motivo pelo qual pedi esta reunião é que gostaria de conversar sobre sua carreira na VB e seu progresso.

Ela pareceu confusa e distante. Jeff pensou na conversa que teve com Ted e continuou:

– Nancy, você sabe que o trabalho em equipe é um dos nossos valores essenciais e que é tão importante para Bob quanto segurança e qualidade.

Ela assentiu. Nada mais.

– Bem, decidimos manter o foco em torno do trabalho em equipe e até mesmo intensificá-lo – continuou Jeff –, especialmente considerando que estamos assumindo obras vultosas este ano, como o hotel em Santa Helena e a ala do Hospital Queen of the Valley. A única maneira de recrutarmos pessoal para esses projetos e concluí-los com sucesso é nos certificando de que todos estão trabalhando bem em equipe.

Jeff percebeu que Nancy revirou os olhos brevemente, demonstrando leve irritação, o que o levou a replicar:

– Agora, não estou falando de coisas do tipo *new age*. Você não me conhece, Nancy, mas não sou fã de abraços nem de mãos dadas.

Pela primeira vez houve um vislumbre de sorriso no rosto de Nancy, que desapareceu com a mesma rapidez com que surgiu.

– Ainda assim, quero me certificar de que todas as pessoas que contrataremos, e todas as que já estão conosco, entendam o que significa ser um bom parceiro de trabalho e que todos de fato queiram fazer parte da empresa. Estou começando com pessoas em posições de liderança.

Mais acenos de Nancy, mas nenhum sinal de real interesse. Jeff sabia que isso estava prestes a mudar.

– Então, Clare, Bobby e eu temos trabalhado muito tentando definir exatamente o que seria um parceiro ideal de trabalho e o resumimos em três características.

Jeff se levantou e foi até o quadro.

– Parceiros de trabalho têm três coisas em comum: são humildes, têm ambição e são socialmente inteligentes. Ele escreveu as palavras no quadro e voltou para sua cadeira. – Como Nancy não se moveu, Jeff continuou: – Humildade é bastante óbvio. Não podemos tolerar egos inflados. Ambição sugere dedicação e entusiasmo pelo trabalho. E, por fim, inteligência interpessoal significa ter ciência de quem está a seu redor e saber lidar com os demais de maneira positiva e funcional.

Ficou claro que Nancy começava a processar o que Jeff estava falando, mas ainda não se sentia pronta para comentar. Então Jeff fez a pergunta mais importante:

– Como você se vê em relação a essas características?

Nancy se remexeu na cadeira. Para ajudá-la, Jeff acrescentou:

– Todos nós temos problemas com uma ou mais dessas áreas de vez em quando.

Esse parecia ser o estímulo de que Nancy precisava.

– Bem, qualquer um que trabalhe comigo por mais do que alguns minutos dirá que tenho ambição. Esse é meu ponto mais forte, com certeza. – Nancy fez uma pausa para checar a reação de Jeff.

Ele assentiu e acrescentou:

– Eu diria que é óbvio.

– E, embora Craig possa discordar, não acho que falta de humildade seja meu problema. Eu sei que isso pode parecer arrogante, mas não acredito que eu seja egocêntrica.

– Na verdade – respondeu Jeff –, Craig disse a mesma coisa.

Nancy pareceu genuinamente surpresa.

– Sério?

– Sim. Ele mesmo me disse.

Com a confiança um pouco reforçada, ela continuou:

– Bem, então meu ponto fraco é a interação social, o que tem a ver com inteligência interpessoal, certo?

– Exatamente.

Jeff ficou em silêncio, esperando que Nancy continuasse.

– Para ser sincera, não gasto muita energia tentando ser legal o tempo todo. Prefiro focar nos resultados. Algumas pessoas não gostam disso, eu acho.

Jeff ficou um pouco surpreso.

– Deixe-me ver se entendi, Nancy. Você acha que é um desperdício de energia ser legal com as pessoas? – Nancy não respondeu, então ele continuou: – Não estamos falando sobre abraços e tapinhas nas costas.

Nancy riu.

– Bom, não é que eu não queira ser legal. – Ela parecia estar procurando as melhores palavras. – Não sei explicar.

– Nancy – começou ele, com delicadeza na voz –, você tem ideia de como os outros reagem ao que você diz a eles?

Depois de considerar a pergunta por um momento, ela respondeu:

– As pessoas que não são socialmente inteligentes têm problemas em observar esse fato. Caso contrário, elas teriam melhores resultados em amenizar suas limitações.

Jeff riu.

– Eu diria que você está certa.

– Então, por mais que eu esteja disposta a trabalhar isso em mim...

Nancy fez uma pausa, e Jeff pensou que ela diria que não estava interessada no que ele tinha para oferecer, então prosseguiu:

– Vou precisar de ajuda para conseguir melhorar.

Ela respirou fundo e depois disse as três palavras mais importantes em toda a conversa:

– Mas vou tentar.

Jeff quis pular da cadeira e abraçar Nancy, mas percebeu que ela provavelmente o jogaria no chão.

– Nancy, isso é tudo que eu peço.

Uma semana depois

Em dois dias a contratação de Craig estava oficializada e a reação dos funcionários foi extremamente positiva. Isso bastou para deixar os outros três executivos felizes por não terem contratado Ted Marchbanks. Mas a história rendeu.

Poucos dias depois de Ted ter desistido do emprego na VB, uma das "referências não autorizadas" ligou. Era uma ex-funcionária da NBC chamada Dani, irmã da namorada do irmão de Kim, alguém que conhecia bem Ted. No início, ela se mostrou reservada, até que Jeff explicou:

– Na verdade, Ted decidiu que não quer trabalhar conosco.

– Tudo bem, então – afirmou Dani –, neste caso parece que você não precisa mais de minha ajuda.

Antes que ela pudesse desligar, Jeff a deteve.

– Posso fazer uma pergunta rápida, Dani, aqui entre nós? Não responda se não quiser.

Passado um momento, ela concordou.

– Sem problema.

– Bem, nossa cultura organizacional é extremamente... – Ele fez uma pausa, procurando alguma palavra ou frase que fosse precisa, porém não bombástica. Ele se decidiu por "pé no chão e despretensiosa". – Estávamos preocupados que Ted talvez fosse um pouco... – ele fez outra pausa – ... sofisticado demais para nós, se é que você me entende.

Dani riu.

– Sim, acho que sei o que você quer dizer. – Antes que Jeff pudesse retrucar, ela continuou: – Digamos apenas que "pé no chão" não seria exatamente a minha maneira de descrever Ted.

– Entendo – disse Jeff. – E agradeço sua franqueza.

Alguns dias depois, a outra referência que Clare conhecia também telefonou. Era um dos antigos clientes de Ted, e ele foi bem menos elegante do que Dani.

– Escute, Jeff. Eu conheço Bob Shanley. Ele e Ted não têm nada em comum quando se trata de personalidade ou cultura organizacional. Você se livrou de uma bomba, se quiser saber a verdade. Isso é tudo o que precisa saber.

Clare e Bobby ficaram muito aliviados quando receberam a notícia. Ainda assim, quando ocasionalmente um dos três executivos expressa alguma dúvida sobre o sistema de humildade, ambição e inteligência interpessoal, os outros líderes logo reforçam sua confiança no modelo.

Claro, a comprovação só viria com o resultado.

Um mês depois

Menos de 30 dias após a mudança de Craig para a "suíte executiva", uma sensação generalizada de total comprometimento com o novo modelo de contratação ficou patente e as coisas mudaram bastante na VB. Todas as vagas foram preenchidas por pessoas que se ajustavam às suas equipes e os dois novos megaprojetos estavam bem adiantados. Além disso, todos os funcionários que careciam de humildade, ambição ou inteligência interpessoal optaram por deixar a construtora por conta própria, sem qualquer animosidade.

Jeff estava tão feliz que flutuava pelo escritório, sem sentir o peso da gravidade. Foi quando percebeu que estava sonhando.

Ao acordar, Jeff logo pensou no projeto do hospital e imaginou se algum dia viria a ter pessoal adequado. Exceto por esse problema e por algumas outras questões práticas, ele estava satisfeito com o processo em andamento na empresa. Talvez a parte mais importante dessa estratégia tenha sido o novo programa de recrutamento que Clare implementou.

Com base no que ela e seus colegas aprenderam durante o processo, sobre ressaltar humildade, ambição e inteligência interpessoal, e após testá-lo com Ted e outros, Clare iniciou um programa de treinamento extremamente simples para todos os envolvidos na contratação. Desde o recrutamento inicial até a avaliação durante as entrevistas, os gerentes assimilaram os preceitos básicos e sua importância para tornar o modelo uma realidade na VB.

Quanto à contratação em si, eles ainda não estavam onde deveriam em termos de números. No entanto, essa preocupação foi atenuada pela qualidade de alguns funcionários seniores que haviam contratado, pessoas cujas funções tinham importância decisiva nos projetos do hotel e do hospital. Com eles a bordo, Clare sentiu que as contratações ficaram mais fáceis, porque era maior o número de pessoas procurando funcionários propensos a se adaptar à cultura da empresa.

Uma das vitórias que a equipe obteve em termos de moral foi recontratar Pedro, o mestre de obras que havia se demitido em decorrência dos problemas ocorridos em Oak Ridge. A chave para trazê-lo de volta foram o entusiasmo de Bobby em torno da nova cultura da VB e a humildade de Nancy.

Por insistência de Jeff, Nancy conversou com Pedro e admitiu que o havia decepcionado ao não intervir nos problemas que irromperam em Oak Ridge anteriormente. Pedro mais tarde contaria a Bobby que ela nunca havia se dirigido a ele daquela forma e que, se isso fosse uma indicação do que estava acontecendo na empresa, ele ficaria feliz em voltar.

Jeff ficou tão satisfeito com o progresso de Nancy que decidiu dedicar três dias inteiros para entrevistar mais uma vez cada um dos 17 mestres de obras e gerentes de projetos. Com aqueles que pareciam não ter problemas em relação a humildade, ambição ou inteligência interpessoal, Jeff usou a discussão para reforçar seu compromisso em contratar e estimular parceiros de trabalho, além de garantir que cada dirigente estaria pronto para assumir sua responsabilidade em proteger a cultura organizacional.

Para os poucos líderes com deficiências explícitas no que se refere a humildade, ambição ou inteligência interpessoal, Jeff fez uma abordagem mais direta. Depois de chegar a um acordo sobre a necessidade de melhorias em uma ou mais áreas, ele gentilmente lhes disse três coisas. Primeiro, a melhoria não era opcional.

Segundo, teriam todo o apoio de que necessitassem. Por fim, caso resolvessem pedir demissão, não haveria qualquer problema.

Apenas duas pessoas decidiram sair da empresa. Entretanto, uma delas foi convencida por Jeff a ficar, pois ele sabia que sua motivação para se afastar era apenas timidez em falar sobre o assunto. O outro, Tom, um mestre de obras bastante problemático, não recebeu qualquer tipo de censura de Jeff. Clare ficou aliviada quando Jeff explicou que Tom iria embora espontaneamente.

– Sabe – disse ela a Jeff, após a última de suas entrevistas –, esses dois projetos não serão fáceis.

Jeff sorriu sem discordar.

– Mas há anos que não me sinto assim tão entusiasmada.

– Eu também – concordou Jeff. – Eu também.

SEIS MESES DEPOIS

Embora o novo modelo de cultura organizacional estivesse firmemente estabelecido, Jeff continuava preocupado com os projetos do hospital e do hotel. Tinha a sensação de que não estavam indo bem.

Bobby, por sua vez, não estava tão apreensivo.

– Tudo bem, chefe. Não há projeto em que tudo corra com perfeição. Faz parte.

Ainda assim, Jeff gostaria que tivessem progredido mais.

– Eu sinto que a essa altura as coisas deveriam ser muito mais previsíveis.

Quanto aos que foram reentrevistados por Jeff e concordaram com um plano de aperfeiçoamento pessoal, apenas um teve que ser dispensado quando ficou claro que a ambição não fazia parte de sua natureza. Todos os outros evoluíam bem, embora Clare não tivesse certeza se um ou dois funcionários continuariam na empresa no longo prazo.

Isso também incomodou Jeff, que pensava que as situações pessoais já deviam estar resolvidas.

– Vamos, Jeff – Clare tentou animá-lo –, estamos quase concluindo as contratações, nossos clientes parecem satisfeitos e tudo está caminhando na direção certa. Se há seis meses você tivesse me falado que hoje ainda estaríamos vivos, eu teria apostado contra.

Embora não pudesse contestar essa afirmação, Jeff ainda se incomodava por notar que algumas pessoas que não se identificavam totalmente com as três virtudes ainda trabalhavam na VB.

– Sim – concordou Clare –, mas sabemos quem eles são e o que precisa ser feito para remediar a situação. Você tem que se lembrar de como éramos um ano atrás e como a maioria das empresas funciona.

Como tinha acontecido desde sua promoção, Craig repreendeu Jeff com delicadeza:

– Não faça do ótimo o inimigo do bom.

– Exato – reforçou Bobby. – Você não é mais um consultor. Esta é a realidade e vamos aceitá-la.

Embora Jeff encontrasse certo conforto na convicção de seus colegas mais experientes, ele sabia que era inevitável ser um pouco paranoico e que essa paranoia faria parte de seu trabalho. Ainda assim, não tinha qualquer intenção de mudar o rumo. Ele fizera suas apostas e agora precisava deixar o tempo correr para ver até onde chegaria.

Um ano depois

No primeiro aniversário da cirurgia de Bob, vários aspectos da Valley Builders haviam mudado de maneira significativa, embora muitos permanecessem inalterados.

Bob estava saudável, desfrutando de sua aposentadoria e fazendo visitas ocasionais ao escritório com sua esposa, Karen. Quando isso acontecia, ele evitava conversar com Jeff sobre negócios, limitando seus comentários a provocações espirituosas, muitas vezes dizendo: "Viu, eu falei que não haveria problema."

Craig havia se fortalecido como executivo, trabalhando em estreita colaboração com Bobby na supervisão diária dos dois projetos principais e até mesmo gerenciando Nancy Morris diretamente, com frequência chamando-a de sua melhor funcionária. O grupo de executivos se tornou mais coeso com a entrada de Craig e ninguém conseguia mais imaginá-lo fora da equipe.

A maior transformação que o modelo de humildade, ambição e inteligência interpessoal acarretou refletiu-se nos recursos humanos – não no departamento, mas em seu real significado. Embora Clare e sua pequena equipe estivessem muito envolvidos na manutenção da cultura organizacional, Jeff deixou claro que a equipe de liderança e seus subordinados diretos seriam os responsáveis por garantir que a VB continuasse tendo humildade, ambição e inteligência interpessoal. Ele sempre relembrava que não havia nada teórico ou sentimental nisso.

De entrevistas e orientações a avaliações de desempenho e decisões sobre remuneração, "as três virtudes", como passaram a ser conhecidas, tornaram-se tópicos regulares de conversa. Naturalmente, houve muito treinamento prático em torno das cinco manifestações comportamentais do trabalho em equipe: confiança, conflito, compromisso, responsabilização e resultados. Esses intensivos se tornaram mais eficazes com os participantes que compartilhavam as três virtudes subjacentes.

Do ponto de vista prático, há alguns indicadores de que o modelo da VB mudou como resultado das transformações em torno do trabalho em equipe. Em primeiro lugar, o recrutamento saiu do âmbito das agências externas, à medida que mais e mais funcionários – de empreiteiros a mestre de obras – começaram a procurar emprego na VB por meio de indicação de amigos e referências.

Em segundo lugar, o clima na empresa melhorou e a rotatividade caiu de maneira acentuada. Mas Jeff foi categórico ao declarar que não deveria acabar por completo: "Se ninguém estiver saindo ou sendo convidado a sair da empresa, provavelmente não estamos vivendo nossos princípios em sua totalidade."

Por fim, a mais importante confirmação de que o modelo estava funcionando foi o fato de que a satisfação dos clientes em ambos os projetos se mostrou superior ao que Jeff e sua equipe esperavam. Embora incêndios tivessem que ser apagados e imprevistos surgissem em momentos inoportunos, o modo como os funcionários se uniram e enfrentaram esses problemas não mais ocasionava sensações de pânico ou heroísmo. Um novo modelo de confiança, mesmo nas situações mais complexas, contagiou o escritório e os locais de trabalho da Valley Builders.

Dentre os líderes da VB, foi Bobby quem explicou de maneira mais precisa e sem papas na língua como a humildade, a ambição e a inteligência interpessoal transformaram a empresa. No fim da reunião trimestral da equipe executiva, enquanto os quatro líderes avaliavam a saúde geral da organização, Bobby anunciou:

– Se você me perguntar, a melhor coisa que aconteceu no ano passado foi que quase nos tornamos uma zona livre de bestas. Não importa o que aconteça e que desafios possamos encontrar pela frente, se eu tiver uma sala cheia de pessoas que não sejam um bando de bestas, ficarei feliz em enfrentar o problema.

E com isso, ele jogou uma camiseta na direção de Jeff, que a ergueu para revelar a palavra "besta" dentro de um círculo cortado por uma faixa diagonal.

Embora soubesse que nunca usaria aquela camiseta, Jeff a conservou em sua gaveta no escritório como um lembrete de sua responsabilidade principal de líder da empresa.

O MODELO

AS TRÊS VIRTUDES DE UM PARCEIRO IDEAL DE TRABALHO

Esta seção trata da compreensão do modelo de parceiro ideal de trabalho, sua origem e como pode ser colocado em prática. Comecemos com um quadro geral.

Em seu livro clássico, *Empresas feitas para vencer*, Jim Collins fala sobre a importância das organizações de sucesso terem as "pessoas certas a bordo", um eufemismo para contratar e reter funcionários que se encaixem na cultura organizacional. Esse conceito é relativamente simples e faz sentido, mas com frequência é esquecido, tendo em vista que muitos líderes priorizam competência e habilidade técnica nas contratações.

Para organizações com o sério compromisso de tornar o trabalho em equipe uma realidade cultural, estou convencido de que "pessoas certas" são aquelas que têm em comum as três virtudes: humildade, ambição e inteligência interpessoal. Eu me refiro a elas como *virtudes* porque essa palavra é um sinônimo para os substantivos *qualidade* e *recursos*, mas também porque passa a ideia de integridade e moralidade. Humildade, a mais importante, com certeza é uma virtude no sentido mais profundo da palavra. Ambição e inteligência interpessoal se encaixam melhor na categoria de qualidade ou recurso. Portanto, a palavra *virtude* é a que melhor capta a combinação de todos esses conceitos.

Para reconhecer e cultivar parceiros de trabalho que tenham humildade, ambição e inteligência interpessoal ou para se tornar um deles, você precisa antes compreender com exatidão o que essas palavras enganosamente simples significam e como *as três juntas* constituem as virtudes essenciais de um parceiro ideal de trabalho.

Definindo as três virtudes

HUMILDADE

No contexto de trabalho em equipe, humildade é não ter um ego exacerbado ou preocupações com status. Pessoas humildes são ágeis em apontar contribuições de outros, ao mesmo tempo que evitam chamar a atenção para si. Também compartilham o crédito, valorizam a equipe acima do indivíduo e definem sucesso de forma coletiva, não individual. Portanto, nada mais natural do que a humildade ser o maior e mais indispensável atributo de um bom parceiro de trabalho.

A humildade é o maior e mais indispensável atributo de um bom parceiro de trabalho.

É surpreendente que tantos líderes que valorizam o trabalho em equipe também tolerem pessoas que não são humildes. Embora de maneira relutante, eles contratam funcionários egocêntricos e justificam a atitude afirmando que têm certas habilidades necessárias. Ou até notam o comportamento arrogante de um funcionário, mas deixam de confrontá-lo, muitas vezes citando como desculpa suas contribuições individuais. O problema é que esses líderes não levam em consideração o efeito que uma pessoa arrogante e egocêntrica causa no desempenho geral da equipe. Isso acontece nos esportes, nos negócios e em todos os outros empreendimentos que dependem de um time.

Existem dois tipos de pessoas que carecem de humildade. É importante, e até mesmo crucial, entendê-los, porque são muito diferentes e impactam uma equipe de formas distintas. O mais óbvio são as pessoas abertamente arrogantes: tudo o que fazem tem alguma relação com elas mesmas. Essas são fáceis de identificar, porque tendem a se vangloriar para chamar a atenção. É o tipo clássico, movido pelo ego, e prejudica o trabalho em equipe promovendo ressentimento, discórdias e politicagem. A maioria das pessoas tem ou teve contato com esse comportamento em algum momento de sua vida profissional.

O outro tipo é muito menos nocivo, mas ainda assim deve ser mencionado. São as pessoas sem autoconfiança, porém generosas e positivas. Elas tendem a menosprezar os próprios talentos e contribuições, por isso são consideradas humildes. O problema é que isso não é humildade. Embora não sejam arrogantes, a falta de compreensão de seu próprio valor também é uma violação da humildade. Pessoas humildes de verdade não se consideram maiores do que são, mas também não desconsideram os próprios talentos e contribuições. O escritor C.S. Lewis abordou esse equívoco sobre a humildade quando disse: "A verdadeira humildade não é pensar menos de si mesmo, mas pensar menos em si mesmo."

Uma pessoa com baixa autoestima em geral prejudica a equipe por não defender as próprias ideias ou por deixar de chamar a atenção para os problemas que encontra. Embora esse tipo de falta de humildade seja menos intrusivo e óbvio do que o anterior, também prejudica o desempenho ideal da equipe.

O que esses dois tipos têm em comum é a insegurança. A insegurança induz algumas pessoas a projetar um excesso de confiança e outras a menosprezar seus próprios talentos. Embora os dois tipos causem diferentes problemas em uma equipe, ambos reduzem o desempenho geral.

AMBIÇÃO

Pessoas ambiciosas estão sempre buscando mais. Mais coisas para fazer. Mais para aprender. Mais responsabilidades para assumir. Pessoas ambiciosas em raros momentos precisam ser pressionadas por um superior a trabalhar mais, porque são automotivadas e diligentes. Elas estão sempre pensando no passo seguinte e nas oportunidades futuras. E detestam a ideia de serem vistas como preguiçosas.

Pessoas ambiciosas quase nunca precisam ser pressionadas por um superior a trabalhar mais, porque são automotivadas e diligentes.

Não é difícil entender por que pessoas ambiciosas são ótimas para uma equipe, porém é importante notar que alguns tipos de ambição podem ser contraproducentes e até mesmo prejudiciais. Em certos casos, a ambição pode ser direcionada de forma egoísta, não para o bem da equipe, e sim para o indivíduo. Em algumas pessoas, a ambição pode ser levada ao extremo, quando o trabalho se torna excessivamente importante, chegando a se sobrepor à identidade e à vida de um funcionário. Eu me refiro à ambição saudável: um compromisso administrável e sustentável o suficiente para ajudar na realização de um bom trabalho e exceder o normal quando a ocasião demanda.

É raro que os líderes de uma equipe ignorem de maneira consciente a carência de ambição em seu pessoal, talvez porque pessoas improdutivas e desinteressadas tendam a se destacar e a criar problemas óbvios. Infelizmente, líderes sem discernimento muitas vezes contratam essas pessoas, porque a maioria dos candidatos sabe como projetar uma falsa aparência de ambição durante as entrevistas-padrão. Como resultado, esses líderes depois são obrigados a despender uma quantidade excessiva de tempo para motivar, punir ou dispensar integrantes da equipe que não demonstram ambição suficiente.

INTELIGÊNCIA INTERPESSOAL

Das três virtudes, é a que mais necessita de esclarecimento, porque seu significado não é intuitivo, já que não se trata de capacidade intelectual. No contexto de uma equipe, ter inteligência interpessoal se refere ao bom senso nas relações. Tem tudo a ver com a capacidade de ser adequado na interação com os demais. Pessoas que têm inteligência interpessoal tendem a saber o que está acontecendo em situações de grupo e a lidar com outros de uma maneira eficaz. Elas fazem boas perguntas, ouvem o que os demais têm a dizer e se mantêm atentas durante as conversas.

> **Inteligência interpessoal é o bom senso nas relações.**

Alguns descrevem isso como inteligência emocional. Esta não é uma comparação ruim, mas inteligência interpessoal talvez seja algo mais simples. Pessoas com essa característica têm bom senso e intuição sobre as sutilezas da dinâmica de grupo e conhecem o impacto de suas palavras e ações. Como resultado, elas não dizem e fazem coisas – ou evitam dizer e fazer coisas – sem ter ideia das prováveis respostas de seus interlocutores.

Lembre-se de que ter inteligência interpessoal não implica necessariamente nutrir boas intenções. Pessoas com essa característica podem usar seus talentos para propósitos bons ou maus. Na verdade, alguns dos indivíduos mais perigosos da história foram considerados inteligentes no que dizia respeito às relações interpessoais.

AS TRÊS VIRTUDES COMBINADAS

Se você pensou que essas três virtudes parecem um tanto óbvias, serei o primeiro a concordar. Analisando-as uma a uma, não ouso insinuar que sejam novidades. O que torna poderoso e único o conceito que combina humildade, ambição e inteligência interpessoal não são os atributos isolados, e sim a união dos três. Se um membro da equipe carece de apenas uma dessas características, o trabalho se torna bem mais difícil, por vezes impossível. Analisaremos como isso ocorre, mas este é um bom momento para contar como o modelo surgiu.

O que torna poderoso e único o conceito que combina humildade, ambição e inteligência interpessoal não são os atributos isolados, e sim a união dos três.

A HISTÓRIA DO MODELO

Em 1997, um grupo de colegas e eu fundamos uma empresa de consultoria em gestão chamada The Table Group. Como havíamos trabalhado em um departamento que chefiei anteriormente, não tivemos dificuldade em chegar a um acordo sobre nossos valores essenciais: humildade, ambição e inteligência interpessoal. Esses eram os princípios que norteavam nosso antigo departamento e queríamos mantê-los na nova empresa. Desse modo, assumimos o compromisso de contratar apenas pessoas que possuíssem essas qualidades e evitar tomar quaisquer decisões operacionais ou estratégicas que as violassem.

No trabalho de consultoria que realizamos com nossos clientes, não apenas ajudamos executivos a construir equipes melhores, mas também o fizemos de modo abrangente, abordando estratégias, táticas, papéis, responsabilidades, reuniões e, o mais importante: valores. No decorrer desse processo, os clientes inevitavelmente perguntavam sobre os nossos valores no The Table Group.

Naquela época, não mencionamos os conceitos de humildade, ambição e inteligência interpessoal. Eles não estavam disponíveis no nosso site ou em qualquer uma de nossas publicações. Acreditávamos que se os entendêssemos e permanecêssemos fiéis a eles, não seria necessário divulgá-los. No entanto, quando os clientes começaram a perguntar, nos sentimos compelidos a compartilhá-los. E ao explicar os conceitos das três virtudes, uma coisa estranha costumava acontecer: os clientes declaravam que também iriam adotar esses valores.

É claro que protestamos, explicando que a cultura de uma empresa não pode ser copiada: deve ser o verdadeiro reflexo da história única de cada organização. Com frequência atribuímos o interesse de nossos clientes por nossos valores à conveniência ou talvez até preguiça – o desejo de abraçar as primeiras palavras que soassem positivas para que pudessem dar por encerrada a busca pelos valores da empresa. Bem, descobrimos que estávamos errados sobre essa motivação e que havia uma justificativa lógica para a intenção de nossos clientes de adotar os conceitos de humildade, ambição e inteligência interpessoal.

Primeiro, nossa cultura organizacional era firmemente baseada no trabalho em equipe, tanto nas interações que tínhamos com os clientes quanto em nosso comportamento interno, porque havíamos jurado praticar o que pregávamos. Segundo, quase todas as empresas para as quais prestamos consultoria já estavam interessadas na temática de trabalho em equipe – o que fazia sentido, visto que éramos bem conhecidos pelo livro *Os 5 desafios das equipes*. Portanto, não foi difícil constatar que nossos critérios de contratação e valores essenciais refletiam a própria definição de um parceiro ideal de trabalho, embora não percebêssemos isso na época.

Uma vez identificados com clareza, começamos a olhar de maneira diferente para a relevância que os conceitos de humildade, ambição e inteligência interpessoal teriam para outras organizações. Esses não eram necessariamente valores centrais, mas sim critérios essenciais para recrutamento e desenvolvimento de qualquer organização que desejasse que o trabalho em equipe tivesse importância fundamental em suas operações.

Para termos certeza de que não estávamos nos iludindo, fizemos a seguinte pergunta: "Uma pessoa poderia praticar plenamente os cinco comportamentos essenciais do trabalho em equipe se não concordasse com os preceitos de humildade, ambição e inteligência interpessoal?"

A resposta foi um sonoro *não*.

Uma pessoa que não seja humilde não será capaz de se mostrar vulnerável e construir uma verdadeira relação de confiança. Além disso, terá dificuldade em se comprometer com decisões que não atendam aos seus interesses. Um colega que careça de ambição não estará disposto a se envolver em conflitos, a responsabilizar outros por seus comportamentos nem a fazer o que for necessário para obter resultados, optando por um caminho mais fácil. Por fim, uma pessoa que não seja inteligente em suas relações pessoais provavelmente criará problemas desnecessários que afetarão todo o processo de formação da equipe, em especial quando for preciso se envolver em conflitos produtivos e responsabilizar outros por seus comportamentos.

Depois de revisar, discutir e colocar o modelo em prática em nossa própria empresa e observar nossos clientes tentando adotá-lo em suas organizações, acabamos nos convencendo de que qualquer líder que queira tornar o trabalho em equipe uma realidade deve encontrar e/ou potencializar pessoas humildes, ambiciosas e com inteligência interpessoal. Para que isso aconteça, os líderes precisam compreender como essas qualidades operam em conjunto e o que acontece quando uma ou mais delas estão em falta.

O MODELO DE PARCEIRO
IDEAL DE TRABALHO

O modelo no gráfico a seguir traz o diagrama que une humildade, ambição e inteligência interpessoal. A interseção representa as qualidades de um parceiro ideal de trabalho. Isso não significa que essa pessoa será sempre perfeita no que diz respeito a todas essas virtudes. Ninguém é perfeito. Mesmo uma pessoa humilde, ambiciosa e com inteligência interpessoal tem um dia ruim, uma semana ruim ou até mesmo uma fase ruim em sua vida. Não são características permanentes em seu DNA, são apenas vivências desenvolvidas e mantidas por meio de experiências de vida e escolhas pessoais em casa e no trabalho.

Quando os integrantes de uma equipe são fortes o suficiente em cada uma dessas áreas, ou seja, quando possuem considerável humildade, ambição e inteligência interpessoal, eles tornam o trabalho coletivo possível, e é relativamente fácil para todos os parceiros superarem os cinco desafios de uma equipe (veja modelo na página 215). Isso significa que todos estarão mais inclinados a ser vulneráveis e a construir relações baseadas na confiança, a se envolver em conflitos produtivos, embora desagradáveis, a se comprometer com as decisões do grupo, mesmo que a princípio discordem, a responsabilizar seus colegas quando virem lacunas de desempenho que exijam atenção e a colocar os resultados acima de suas próprias necessidades.

Somente pessoas humildes, ambiciosas e com inteligência interpessoal serão capazes de alcançar esse patamar sem muito treinamento. As que não reúnem todas as três virtudes precisarão de muito mais tempo, atenção e paciência de seus superiores.

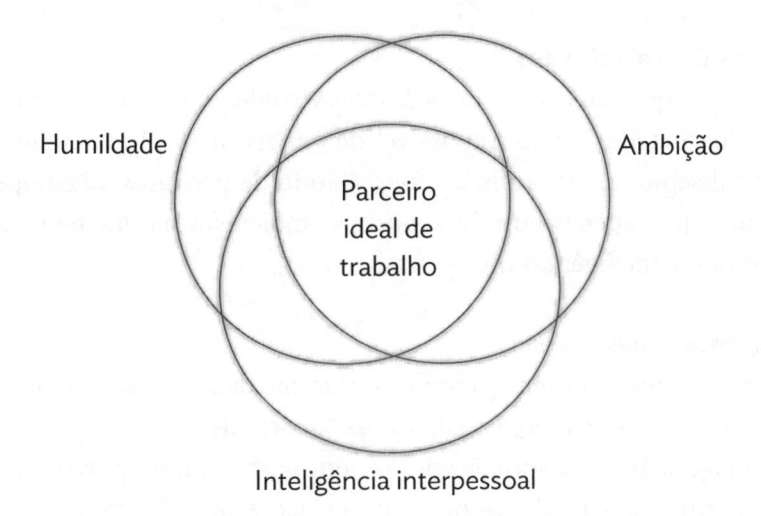

Humildade — Ambição

Parceiro ideal de trabalho

Inteligência interpessoal

Vamos analisar as categorias de pessoas, começando pelas que não têm nenhuma das qualidades mencionadas, e chegando aos parceiros ideais para o trabalho em equipe, ou seja, aqueles que possuem as três virtudes.

AS CATEGORIAS

Nenhuma das três virtudes

Pessoas que carecem das três qualidades e que são claramente deficientes em humildade, ambição e inteligência interpessoal têm poucas chances de se tornar membros relevantes de uma equipe. Seria necessário um enorme esforço durante um longo período de tempo para que um funcionário assim desenvolvesse as três virtudes ou até mesmo uma ou duas delas. Felizmente para os gestores, essas pessoas são fáceis de identificar e não costumam se sair bem nas entrevistas. Infelizmente para elas, a vida pode ser muito difícil.

Uma das três virtudes
Pessoas que carecem de duas das três virtudes também terão uma árdua batalha – não impossível de vencer, mas não tranquila. Analisemos esses profissionais, tratando de parceiros de equipe que sejam apenas humildes, apenas ambiciosos ou que tenham somente inteligência interpessoal.

Apenas humilde: peão
Pessoas que são apenas humildes, mas não demonstram ambição ou inteligência interpessoal, são os "peões" de uma equipe. Elas são agradáveis, despretensiosas e têm bom coração, porém não sentem necessidade de mostrar serviço e não são capazes de construir relacionamentos produtivos com seus colegas. Com frequência são excluídas de conversas e atividades e têm pouco impacto no desempenho da equipe. Os peões não causam atrito, portanto podem sobreviver por muito tempo em grupos que valorizam a harmonia e não exigem bom desempenho.

Apenas ambicioso: trator
Pessoas ambiciosas, mas sem humildade ou inteligência interpessoal, podem ser consideradas "tratores". Essas pessoas estão determinadas a produzir, mas com foco em seus próprios interesses, e não compreendem nem se preocupam em saber como suas ações impactam outros. Tratores são rápidos destruidores de equipes.

```
        Humildade                              Ambição
              Peão                      Trator
                     Parceiro
                     ideal de
                     trabalho


                     Encantador
            Inteligência interpessoal
```

Felizmente, ao contrário dos peões, eles se destacam e podem ser facilmente identificados e removidos por líderes que valorizem o trabalho em equipe. No entanto, em organizações que priorizam a produção, os tratores podem prosperar e passar incólumes por longos períodos.

Apenas dotado de inteligência interpessoal: encantador
Pessoas dotadas de inteligência interpessoal, mas carentes de humildade e ambição, são "encantadoras". Elas podem ser divertidas e até mesmo agradáveis, mas têm pouco interesse no bem-estar da equipe ou de seus colegas a longo prazo. Suas habilidades sociais podem ajudá-las a sobreviver por mais tempo do que tratores ou peões, mas, como suas reais contribuições para a equipe são insignificantes, elas em geral esgotam seu crédito de aceitação com rapidez.

Duas das três virtudes
As três categorias seguintes representam pessoas mais difíceis de identificar, porque seus pontos fracos com frequência são camuflados por seus pontos fortes. Colegas de equipe que se enquadram nessas categorias carecem de apenas uma das três características, portanto têm mais chances de superar seus desafios e de se tornarem parceiros ideais para sua equipe. Ainda assim, a falta substancial de uma das virtudes pode impossibilitar o processo de construção da equipe.

Humilde e ambicioso, porém sem inteligência interpessoal: o criador de bagunça acidental
Pessoas humildes e ambiciosas, mas pouco ou nada dotadas de inteligência interpessoal, são as "criadoras de bagunça acidentais". Elas gostariam de servir à equipe e não têm interesse em receber uma quantidade desproporcional de atenção e crédito. No entanto, a falta de compreensão de como suas palavras e ações são recebidas por seus colegas as levará a inadvertidamente criar problemas interpessoais. Embora os colegas respeitem sua ética de trabalho e seu sincero desejo de ser útil, eles acabam se cansando por ter que, a todo momento, solucionar os problemas emocionais e interpessoais que os criadores de confusão acidentais tantas vezes provocam. Na fábula, Nancy era a bagunceira acidental – uma funcionária trabalhadora e com o ego controlado, mas que carecia de habilidade interpessoal, por isso criava problemas desnecessários para a equipe.

 Embora esse profissional possa ser problemático, dos três tipos de pessoas que carecem de apenas uma das características de um parceiro ideal de trabalho, este é o menos perigoso, já que não tem más intenções e em geral aceita receber feedbacks corretivos com bom humor.

Humilde e dotado de inteligência interpessoal, porém sem ambição: o adorável preguiçoso

Pessoas humildes e dotadas de inteligência interpessoal, mas sem a ambição necessária, são os "adoráveis preguiçosos". Elas não buscam atenção imerecida e são adeptas de trabalhar e cuidar dos colegas. Infelizmente, tendem a fazer apenas o que lhes é pedido e quase nunca assumem tarefas adicionais ou se prontificam a assumir atribuições extras. Além disso, sua paixão pelo trabalho de equipe é limitada. Como costumam ser encantadores e positivos, não é fácil para líderes confrontar ou remover os adoráveis preguiçosos. Afinal... eles são adoráveis.

Na fábula, Tommy, um personagem secundário, era um adorável preguiçoso. Ele não era uma besta ociosa, apenas fazia o que era esperado dele e nada mais. Tommy tinha entusiasmo por várias atividades em sua vida, mas nenhum desses interesses era relacionado ao trabalho.

Adoráveis preguiçosos precisam de motivação e supervisão constantes, o que os torna um inconveniente para o desempenho geral da equipe, mais do que os criadores de confusão acidentais. Por outro lado, não representam o mais perigoso dos três tipos que carecem de uma das virtudes – o político hábil.

Ambicioso e dotado de inteligência interpessoal, porém sem humildade: o político hábil

Pessoas que têm ambição e são dotadas de inteligência interpessoal, mas carecem de humildade, são os "políticos hábeis". São sagazes e estão dispostas a trabalhar duro, mas apenas na medida em que isso lhes traga benefícios pessoais. Infelizmente, por serem tão espertos, os políticos hábeis são muito bons em se apresentar como humildes, tornando difícil para os líderes identificá-los e lidar com seus comportamentos destrutivos. No momento em que um líder constata o que está havendo, o político pode já ter deixado um rastro de destruição entre seus colegas mais humildes, os quais se sentem manipulados, desencorajados e abalados. A maioria das pessoas já trabalhou com políticos hábeis, especialmente porque eles tendem a subir na hierarquia de empresas nas quais líderes recompensam o desempenho individual em detrimento do trabalho em equipe.

```
        Humildade          Criador de           Ambição
                         Bagunça Acidental

                          Parceiro
                          ideal de
                          trabalho
              Adorável                    Político
              Preguiçoso                  Hábil


                    Inteligência interpessoal
```

Na fábula, Ted Marchbanks era o político hábil. Ele era profissional, carismático e motivado, razão pela qual Jeff e sua equipe quase o contrataram. Ao final, Ted se mostrou muito mais interessado em si mesmo do que nas pessoas ao redor.

ADVERTÊNCIA: Chegamos a um bom momento para algumas advertências importantes. Primeiro, tenha em mente que reconhecer profissionais como tratores, encantadores, peões, bagunceiros acidentais, adoráveis preguiçosos ou políticos hábeis nem sempre é fácil, e não é algo que deve ser feito de maneira leviana. Rotular incorretamente um membro da equipe, mesmo em particular ou de brincadeira, pode ser prejudicial. Segundo, não atribua esses rótulos a colegas que na realidade são parceiros ideais de trabalho, mas que ao mesmo tempo são *relativamente* mais capazes em uma das três áreas. Por exemplo, não se refira a um integrante com pouco menos ambição do que humildade e inteligência pessoal como um adorável preguiçoso. Guarde essas classificações para pessoas que carecem *significativamente* de uma ou mais das três características.

Os gestores deverão ter inteligência interpessoal ao apresentar os termos para seus funcionários. E lembre-se: o verdadeiro propósito de identificar esses tipos não é classificar pessoas, mas entender melhor o que constitui parceiros ideais de trabalho para que possamos reconhecê-los ou ajudá-los a se aprimorar em nossa equipe.

Três das três virtudes

Humilde, ambicioso e dotado de inteligência interpessoal: o parceiro ideal

Parceiros ideais de trabalho possuem a medida certa de humildade, ambição e inteligência interpessoal. Seu ego é reduzido quando se trata de atrair atenção ou crédito por suas contribuições e ao mesmo tempo se sentem confortáveis em compartilhar elogios ou até mesmo ocasionalmente dispensá-los. Os parceiros ideais trabalham com energia, paixão e responsabilidade pessoal, assumindo inteiramente o que for necessário para promover o bem comum. Por fim, eles dizem e fazem o que é mais adequado, levando seus colegas a se sentirem reconhecidos, compreendidos e incluídos, mesmo em situações difíceis e que exijam severidade. A maioria das pessoas mantém recordações de momentos em que trabalharam com parceiros ideais ou foram gerenciadas por eles, porque essas situações são mesmo memoráveis.

 Agora que entendemos cada uma das três virtudes e como elas se associam, podemos analisar como esse modelo pode ser aplicado.

APLICAÇÃO

Quatro aplicações principais do modelo de parceiro ideal de trabalho podem ser usadas em uma empresa:

1. Recrutamento
2. Avaliação dos atuais funcionários
3. Aperfeiçoamento de funcionários que carecem de uma ou mais virtudes
4. Incorporação do modelo na cultura organizacional

Analisemos esses quatro fatores.

APLICAÇÃO 1: RECRUTAMENTO

A maneira mais segura de garantir que o trabalho em equipe funcione em uma empresa seria contratar apenas parceiros ideais. Claro que isso não é possível nem prático, especialmente considerando que a maioria dos executivos não pode se dar ao luxo de montar suas equipes do zero. Nada impede, porém, que líderes façam todo o possível para recrutar, selecionar e contratar pessoas que tenham humildade, ambição e inteligência interpessoal quando surgir uma oportunidade de trazer um novo funcionário.

Seria bom se houvesse uma ferramenta de análise confiável para identificar e selecionar com precisão pessoas que tenham as três virtudes, mas infelizmente isso ainda não existe. No entanto, realizando entrevistas profundas e verificando referências de maneira seletiva, é possível contratar novos funcionários com um alto grau de confiança de que serão parceiros ideais para sua equipe.

O processo de entrevista
A parte mais importante de uma entrevista para descobrir potenciais parceiros ideias de trabalho é saber quais respostas e comportamentos são os melhores indicadores de humildade, ambição e inteligência interpessoal nos candidatos – e a partir disso tornar a entrevista o mais reveladora possível. Existem muitos livros no mercado sobre comportamento em entrevistas que oferecem uma variedade de modelos e ferramentas. Para mim, a chave é se ater a alguns conceitos, muitos dos quais podem parecer óbvios, mas com frequência são esquecidos.

Não seja genérico
Este é o mais óbvio de todos, além de, fundamentalmente, ser o objetivo desta seção e até mesmo de todo o livro. Ainda assim, vale a pena reiterar. Muitas entrevistas são tão genéricas que oferecem pouca ou nenhuma informação sobre os atributos específicos do candidato. Em vez disso, geram avaliações muito abstratas, do tipo "ela parece ser uma pessoa legal" ou "eu gosto dela". Isso seria perfeito se você estivesse procurando alguém para cortar sua grama uma vez por semana. Se, por outro lado, você estiver buscando um parceiro de trabalho que tenha humildade, ambição e inteligência interpessoal, é fundamental ser específico sobre comportamentos e atributos. Mais adiante darei exemplos dos tipos de perguntas que revelam esses tópicos.

Analise cada entrevista como uma equipe
Um dos maiores problemas é a abordagem individualizada de entrevistas. Isso acontece quando várias pessoas conduzem suas próprias conversas sem intercomunicação sobre o que reuniram

até que todos os encontros estejam concluídos. Com isso, cada entrevista acaba não sendo mais específica ou eficaz do que a anterior.

Os entrevistadores devem fazer um balanço rápido após cada conversa, especificamente sobre observações relacionadas a humildade, ambição e inteligência interpessoal do candidato. Por exemplo, se os dois primeiros entrevistadores concordarem que o candidato é forte em inteligência interpessoal e ambição, o terceiro pode se concentrar em humildade, dedicando mais tempo para investigar detalhadamente o que ainda desconhecem.

Considere as entrevistas em grupo
Com frequência, vou com outros membros da equipe conversar com os candidatos. Isso nos permite fazer um balanço mais eficaz (por exemplo: "O que você acha que ele quis dizer quando falou que...?"). Isso também oferece uma ideia da habilidade do candidato em lidar com várias pessoas ao mesmo tempo, uma qualidade crítica para o trabalho em equipe. Algumas pessoas têm comportamentos diferentes, dependendo se estão sozinhas ou em grupo, algo importante de se descobrir.

Considere entrevistas não tradicionais
É incrível que, apesar de estarmos no século XXI, a maioria das entrevistas ainda se resuma às mesmas conversas pomposas, ensaiadas e previsíveis de 40 anos atrás. O problema não é que elas sejam enfadonhas ou antiquadas, mas sim que não sejam eficazes para determinar se uma pessoa tem as habilidades e os valores comportamentais que correspondem ao que a organização ou a equipe necessitam.

Certa vez alguém me disse que a melhor maneira de saber se você deve contratar uma pessoa é fazendo uma viagem de negócios com ela pelo país. Veja como a pessoa se comporta em situações estressantes e que exijam interação por períodos de tempo mais extensos. Embora isso não seja prático, acredito que as entrevistas devem incorporar uma interação com diversos grupos de pessoas em situações cotidianas e devem durar mais de 45 minutos.

Gosto de sair do escritório com o candidato e observar como ele lida com pessoas em um ambiente não planejado. Fazer compras no supermercado ou no shopping é uma boa ideia. Passar um tempo no carro e ver como ele se comporta quando não está respondendo a uma pergunta me ajuda a entendê-lo melhor. E lembre-se: qualquer que seja a interação com o candidato, estou sempre procurando sinais específicos de que ele tenha humildade, ambição e inteligência interpessoal.

Pergunte mais de uma vez
Eu chamo esse princípio de "*Law and Order*". Neste seriado policial americano, investigadores implacáveis fazem a mesma pergunta repetidamente ao suspeito, até que ele admita o crime.

Policial: – Você matou o cara?
Suspeito: – Não.
Policial: – Você matou o cara?
Suspeito: – Não.
Policial: – Você matou o cara?
Suspeito: – Ok, sim! Matei!

Sim, isso é um pouco exagerado, mas a mesma ideia pode ser aplicada a uma entrevista. Fazer uma pergunta a um entrevistado em geral produz uma resposta genérica e aceitável. Fazer essa pergunta novamente de uma maneira diferente pode gerar uma resposta distinta. Se você ainda não estiver convencido, pergunte pela terceira vez de uma forma mais específica. É provável que obtenha uma explicação mais sincera ainda.

Pergunte o que os outros diriam
Esta ideia é uma extensão da sugestão anterior. Em vez de pedir aos candidatos que avaliem determinado comportamento ou atributo relacionado a humildade, ambição ou inteligência interpessoal, procure saber o que outros diriam sobre eles. Por exemplo, em vez de perguntar a alguém se ele se considera diligente, pergunte: "Como seus colegas descreveriam sua ética de trabalho?" Ou, em vez de questionar uma candidata se ela se dá bem com seus colegas, pergunte: "Como seu gerente descreveria seu relacionamento com os colegas?" Outra ideia interessante, em vez de questionar alguém se ele é humilde, diga: "Se eu pedisse a seus colegas para avaliar seu nível de humildade, o que eles diriam?"

Alguns entrevistadores acham a técnica eficaz, porém admitem que não a utilizam. Outros questionam se essa mudança tática aparentemente pequena pode fazer tamanha diferença. Há algo em ter que responder em nome de outra pessoa que parece tornar o candidato mais sincero. Isso pode ter relação com a possibilidade de o entrevistador fazer uma checagem de referências mais tarde. Talvez seja uma questão de não querer deturpar os pontos de vista de outra pessoa. Seja qual for o motivo, tudo indica que produz respostas mais confiáveis.

Ofereça uma oportunidade de trabalho concreta
Isso nem sempre é possível, pois depende da natureza do trabalho. Um médico não pode ser solicitado a fazer uma cirurgia antes de ser contratado, mas um editor, um gerente de publicidade ou um consultor de gestão poderiam fazer um teste. O objetivo não é obter trabalho não remunerado, mas examinar como as pessoas agem em situações do mundo real, o que dá a oportunidade de observar seu grau de humildade, ambição e inteligência interpessoal.

Não ignore a intuição
Se você tiver dúvidas sobre a humildade, a ambição ou a inteligência interpessoal de uma pessoa, não ignore isso. Continue sondando. Na maioria das vezes, essa dúvida é legítima. Não quero desencorajar o entrevistador a manter uma mente aberta, mas é uma má ideia presumir equivocadamente que uma pessoa tem as virtudes necessárias para ser um bom parceiro de trabalho. Muitas vezes os responsáveis por contratação se lembram dos sinais de alerta que apareceram durante as entrevistas mas acabaram ignorando, o que depois gera arrependimento por não terem despendido mais tempo ou energia para investigá-los. Embora nunca seja possível ter total certeza antes de uma contratação, dúvidas persistentes sobre a humildade, a ambição ou a inteligência interpessoal de um candidato precisam ser devidamente exploradas e descartadas antes que uma oferta seja feita.

Assuste as pessoas com sua sinceridade
Uma das minhas maneiras favoritas de assegurar que estou contratando pessoas humildes, ambiciosas e dotadas de inteligência interpessoal é informando que essas virtudes são pré-requisitos para o trabalho. É mais aconselhável esperar até o fim do processo de entrevista para ter tal conversa, mas essa pode vir a ser a parte mais importante de todas. Vou explicar como funciona.

Você terminou o processo de entrevistas, de briefing e acompanhamento e está confiante de que o candidato é humilde, ambicioso e dotado de inteligência interpessoal. Ainda assim você não tem certeza. Antes de fazer uma oferta de trabalho, deixe claro que você está absoluta e fanaticamente comprometido com esses três princípios e que, se um funcionário de alguma forma conseguir passar pelo processo de seleção, apesar de não compartilhar desses ideais, ele será infeliz trabalhando na empresa. Deixe que os candidatos saibam que seriam repreendidos com frequência por seu comportamento e que seria uma verdadeira aflição terem que ir para o trabalho nessas condições. Além disso, esclareça que se eles se enquadram na descrição de alguém humilde, ambicioso e dotado de inteligência interpessoal, o trabalho será fantástico.

Muitas pessoas tentarão conseguir o emprego mesmo que não compartilhem dos valores da empresa, mas poucas o farão se estiverem cientes de que serão responsabilizadas, dia após dia, por comportamentos que os violem.

Muitas pessoas tentarão conseguir o emprego mesmo que não compartilhem dos valores da empresa, mas poucas o farão se estiverem cientes de que serão responsabilizadas, dia após dia, por comportamentos que os violem.

Claro que é importante tomar as medidas apropriadas nas raras ocasiões em que um candidato venha a infringir as normas relacionadas aos valores da empresa.

Questões para entrevistas
Algumas perguntas que podem ajudar a chegar à essência dos valores de humildade, ambição e inteligência interpessoal.

Humildade
"*Conte-me sobre as realizações mais importantes da sua carreira.*"
Atente se há mais menções a *nós* ou a *eu*. Naturalmente, não se trata de ser simplista a ponto de contar o número de respostas. No caso de alguém fazer referências a si mesmo individualmente com mais frequência do que como parte de uma equipe, verifique se essa pessoa estava trabalhando sozinha ou em grupo.

"Qual foi o momento mais embaraçoso da sua carreira? Ou seu maior fracasso?"
Verifique se o candidato celebra esse constrangimento ou se fica aflito. Pessoas humildes em geral não têm medo de contar suas histórias embaraçosas, porque se sentem confortáveis com a imperfeição. Além disso, procure referências específicas e reais em relação à culpa relatada pelo candidato.

"Como você lidou com esse constrangimento ou fracasso?"
Novamente, busque detalhes sobre como o candidato aceitou sua responsabilidade pelo ocorrido, o que aprendeu e se depois agiu de acordo com o que a situação ensinou.

"Qual seu maior ponto fraco?"
Sim, esta pergunta virou lugar-comum, mas funciona. O segredo é buscar respostas reais e um pouco incômodas. Os candidatos que apresentam os próprios pontos fracos como se fossem pontos fortes ("eu assumo responsabilidades demais" ou "tenho dificuldade em dizer não") em geral têm medo de reconhecer suas reais deficiências. Por isso, acredito ser uma boa ideia provocá-los em suas próprias respostas, dizendo, por exemplo: "Eu quero muito saber o que você gostaria de mudar em si próprio." Ou, melhor ainda: "O que seus melhores amigos destacariam como pontos que você deveria melhorar?" A chave para a resposta não é descobrir os pontos fracos (a menos, é claro, que o candidato seja um serial killer), mas se eles se sentem confortáveis em reconhecer algo concreto.

"Como você lida com desculpas, seja para pedir ou para aceitar?"
Explore e peça detalhes. Pessoas humildes não têm medo de pedir desculpas, costumam aceitar um pedido verdadeiro com elegância e em geral têm histórias para contar.

"Conte-me sobre alguém que é melhor do que você em uma área que considera realmente importante."
Observe se o candidato demonstra reconhecimento genuíno por outras pessoas que têm mais habilidade ou talento. Pessoas humildes se sentem confortáveis em abordar o assunto, ao contrário das pessoas movidas pelo ego.

Ambição
"Qual foi a atividade que mais exigiu esforço em sua vida?"
Procure exemplos específicos de sacrifício real, mas feito com satisfação. Em outras palavras, o candidato, em vez de reclamar, demonstra gratidão pela experiência.

"O que você gosta de fazer quando não está trabalhando?"
Esteja atento a múltiplos hobbies que demandam tempo, sugerindo que o candidato vê o trabalho como um meio de poder realizar outras coisas. Não quero com isso dizer que haja um tipo específico de atividade que indique que o candidato não seja ambicioso, muito menos que você deva procurar alguém que não tenha interesses na vida pessoal. Mas uma longa lista de passatempos diversificados pode ser um sinal de alerta de que ele não colocará as necessidades da equipe à frente das próprias atividades.

"Você trabalhou com afinco em sua adolescência?"
Explore detalhes, em geral relacionados a trabalho escolar, esportes ou empregos. Se for sobre esportes, não se trata apenas de participação e diversão. Procure exemplos de dificuldade, sacrifício e privação. Gosto de perguntar aos candidatos se estudaram com seriedade durante o ensino médio. Tentaram obter bons resultados? Tiveram um emprego? Treinaram com esforço em algum esporte? Você não está procurando uma resposta específica, mas sim algo que indique que a pessoa tem uma boa ética de

trabalho. E ética de trabalho em geral – embora nem sempre – é estabelecida cedo na vida.

"Em que horário você costuma trabalhar?"
Pessoas que dão duro não costumam trabalhar apenas das nove às seis, a menos que seja necessário por questões específicas. Se for esse o caso, elas em geral realizam trabalhos extras em casa. Isso não significa que algumas pessoas não fiquem presas em seus empregos enfadonhos das nove às seis e se vejam ansiosas para sair e ir fazer algo desafiador. Mas se um candidato está satisfeito com um horário predeterminado e menciona com frequência "equilíbrio", então há uma chance de que ambição não seja seu ponto forte. De novo, não é uma prova definitiva, mas com certeza um alerta. Não estou defendendo que as pessoas devam priorizar o trabalho em detrimento da família, de jeito nenhum. Porém, quando um candidato menciona de forma excessiva o horário que espera trabalhar, ele pode não ser o tipo de parceiro de trabalho com a ambição que você está buscando.

Inteligência interpessoal

É difícil discernir se uma pessoa tem inteligência interpessoal fazendo apenas uma pergunta específica. O mais importante é observar seu comportamento geral durante o processo de entrevista e a maneira como ela responde às perguntas. Por isso, também é interessante utilizar situações inusitadas e diferentes das entrevistas tradicionais. Observe como a pessoa trata garçons e garçonetes, balconistas e motoristas de táxi. Algumas podem mascarar sua inaptidão social durante uma entrevista ensaiada, mas é muito mais difícil fazê-lo por um longo período e fora de um ambiente controlado.

Tendo dito isso, aqui estão algumas perguntas que podem extrair informações sobre a inteligência interpessoal.

"Como você descreveria sua personalidade?"
Repare se a pessoa descreve com precisão o que você está observando e se ela é introspectiva. Pessoas dotadas de inteligência interpessoal costumam ter um bom autoconhecimento e acham interessante falar sobre seus próprios pontos fortes e fracos. Pessoas que parecem perplexas ou surpresas com essa pergunta podem não ser muito inteligentes no que diz respeito a relações pessoais.

"O que você faz que pessoas próximas acham irritante?"
Todo mundo irrita alguém de vez em quando, principalmente em casa. Pessoas dotadas de inteligência interpessoal não são imunes nem rejeitam o fato. E tendem a moderar esses comportamentos no trabalho.

"Que tipo de pessoa mais o incomoda e como você lida com ela?"
O que você está buscando com essa pergunta é autoconsciência e autocontrole. Pessoas dotadas de inteligência interpessoal conhecem as próprias "manias" e reconhecem que algumas delas acarretam dificuldades. Elas também sabem como lidar com pessoas irritantes de forma produtiva e construtiva.

"Seus ex-colegas o descreveriam como uma pessoa empática?" ou *"Você pode me dar um exemplo de como demonstrou empatia por um colega de equipe?"*
Algumas pessoas usam a palavra "sintonia". A questão é se o candidato parece entender o que os outros estão sentindo. É claro que existem certos tipos de personalidades que são menos empáticos do que outros. O que você está procurando aqui é uma indicação de que a pessoa valoriza a empatia e reconhece seus próprios pontos fortes ou fracos nessa área.

Talvez a pergunta mais importante para verificar se um candidato é dotado de inteligência interpessoal é a que devem fazer a si mesmos: será que eu gostaria de trabalhar com essa pessoa todo dia? Em geral, candidatos com inteligência interpessoal são o tipo de pessoa com quem você não teria problema em passar bastante tempo junto. Isso por si só não é motivo para contratá-los, porque não garante que sejam humildes ou ambiciosos, mas com certeza é um ponto importante nesse longo processo de decisão.

Referências dos candidatos
Além das entrevistas, há outras maneiras de saber se uma pessoa será um parceiro ideal de trabalho. Por mais desgastada e limitada que possa parecer, uma delas é verificar as referências dos candidatos.

Bem, há muitas, muitas pessoas no mundo que sabem mais do que eu sobre o assunto. E há inúmeras razões pelas quais as verificações de referência são tão complicadas em nossa sociedade atual. Mas, quando encaradas não como uma proteção legal, mas como uma ferramenta informal para ajudar a garantir que sua equipe ou candidato se beneficiem, podem ser muito úteis. Vários dos princípios que se aplicam a entrevistas também se aplicam a verificações de referência.

Deixe que a pessoa que está oferecendo as referências
se sinta à vontade
É fundamental que a referência não sinta que o futuro do candidato está em suas mãos, porque isso a compele a ser excessivamente positiva ou, em muitos casos, cautelosa e genérica. Explique que o objetivo da sua ligação não é apenas perguntar se a candidata era uma boa funcionária, mas sim se teria sucesso no emprego para o qual está sendo entrevistada. Em outras palavras, peça à referência para servir como um consultor cuja

função é garantir uma contratação que traga benefícios a todos. Se isso parecer desonesto ou complicado, considere que é apenas a verdade. Tudo que você pretende é descrever a cultura da equipe na qual o candidato irá ingressar e descobrir se ela considera essa combinação harmoniosa. Assegure que essa pessoa não será a única a fornecer informações e que a conversa será mantida em sigilo.

Peça à referência que sirva como um consultor cuja função é garantir uma contratação que traga benefícios a todos.

Procure indicações específicas
É recomendável começar pedindo à referência que forneça três ou quatro adjetivos que melhor descrevam o candidato. Podem ser bons indicadores de humildade, ambição ou inteligência interpessoal. Ainda assim, aproveite para perguntar sobre comportamentos específicos e como o candidato se compara a outras pessoas com quem a referência trabalhou ou a quem chefiou. Utilize perguntas da seção anterior e veja como elas correspondem às respostas dadas pelo candidato.

Coloque o foco nas áreas em que tem dúvida
Use a referência para explorar áreas do candidato sobre as quais você ainda não tem certeza. Se você já tem uma opinião formada sobre humildade e inteligência interpessoal explore questões específicas sobre ambição. Use o tempo com sabedoria e procure respostas que revelem comportamentos particulares, não avaliações gerais.

Preste atenção nas referências que não respondem
Quando referências não respondem à sua solicitação para uma conversa, é possível que elas não estejam entusiasmadas em relação ao candidato. Lembre-se: foi o candidato quem forneceu os nomes. A maioria das pessoas fica feliz em fornecer uma referência positiva sobre um ex-funcionário ou colega. Quando não estão à vontade, postergam ou evitam falar.

Pergunte o que os outros diriam
Assim como você questiona o candidato o que os outros diriam a respeito dele, faça a mesma pergunta às referências. Isso abre a possibilidade para que digam algo do tipo: "Pessoalmente, sempre achei que ela trabalhava duro, mas alguns colegas não tinham tanta certeza." Esse procedimento faz com que a referência sinta que não está falando mal do candidato, facilitando ao mesmo tempo a divulgação de informações importantes.

APLICAÇÃO 2: AVALIAÇÃO DOS ATUAIS FUNCIONÁRIOS

Outra aplicação extremamente importante do modelo de parceiro ideal de trabalho é a avaliação dos funcionários que já fazem parte da empresa. Ao final da avaliação, três resultados são possíveis:

1. Confirmar que o funcionário é um parceiro ideal de trabalho.
2. Ajudar o funcionário a se aperfeiçoar e vir a ser um parceiro ideal de trabalho.
3. Dispensar o funcionário.

Felizmente, humildade, ambição e inteligência interpessoal não são características inatas, e podem ser desenvolvidas por pessoas que aceitem e desejem abraçá-las. Líderes podem avaliar seu pessoal em relação às três virtudes e com isso identificar os pontos que precisam ser aperfeiçoados para o bem de cada funcionário, assim como da equipe. Este é o melhor resultado possível.

No entanto, há situações em que um executivo encontrará problemas com um empregado e a avaliação poderá ser usada para identificar a fonte dessa dificuldade: falta de humildade, de ambição ou de inteligência interpessoal. Se o funcionário não quiser ou não puder resolver o problema, a demissão poderá ser o melhor resultado tanto para ele quanto para a equipe.

E quando um responsável não consegue decidir se um funcionário tem vontade ou capacidade para melhorar? Minha preferência e recomendação é pecar por excesso de cautela e continuar trabalhando com ele. Por quê? Porque acredito que seria desastroso perder um funcionário pelos motivos errados. Isso não apenas criaria uma situação desnecessariamente dolorosa para essa pessoa, como também privaria a equipe de um colaborador potencialmente valioso.

É importante não interpretar meu conselho como uma permissão para tolerar pessoas que não se adaptam. Muitas vezes líderes sabem que um funcionário não se ajusta à empresa e estaria mais satisfeito em outra, porém deixam de agir porque lhes falta coragem. Isso não é eficaz nem virtuoso. Minha sugestão se aplica apenas a situações em que um líder esteja de fato inseguro sobre a capacidade do funcionário de mudar e progredir.

Então, como um líder deve proceder para avaliar as pessoas quanto a humildade, ambição e inteligência interpessoal? Não existe um diagnóstico fácil e quantitativo, mas há abordagens qualitativas que podem funcionar muito bem.

Avaliação do gestor

Há uma série de perguntas que gestores podem fazer a si mesmos sobre determinado funcionário para avaliar seu ajuste em relação às três virtudes. Aqui estão algumas:

Humildade
> Ele elogia ou aplaude seus companheiros de equipe sem hesitação?
> Ela admite com tranquilidade ter cometido um erro?
> Ele está disposto a assumir de bom grado um trabalho menos qualificado para o bem da equipe?
> Ela compartilha com entusiasmo o crédito pelas realizações da equipe?
> Ele reconhece prontamente seus pontos fracos?
> Ela pede ou aceita desculpas de modo gentil?

Ambição
> Ele faz mais do que o necessário em seu trabalho?
> Ela tem paixão pela "missão" da equipe?
> Ele sente responsabilidade pessoal pelo sucesso geral da equipe?
> Ela está disposta a contribuir e pensar sobre o trabalho fora do horário de expediente?
> Ele demonstra disponibilidade para assumir tarefas tediosas ou desafiadoras sempre que necessário?
> Ela procura oportunidades para contribuir fora de sua área de responsabilidade?

Inteligência interpessoal
> Ele parece perceber o que os colegas de equipe estão sentindo durante reuniões e conversas?
> Ela demonstra empatia por outros membros da equipe?
> Ele mostra interesse pela vida dos companheiros de equipe?
> Ela é uma ouvinte atenta?
> Ele está ciente de como suas palavras e ações impactam outras pessoas na equipe?
> Ela consegue ajustar seu comportamento e estilo ao conteúdo de uma conversa ou relacionamento?

Um parceiro ideal de trabalho receberá um "sim" para quase todas essas perguntas. Se isso parecer irreal, avalie e analise as perguntas de novo, imaginando quais seriam desnecessárias ou opcionais. E lembre-se: estamos procurando parceiros *ideais* de trabalho, e não apenas adequados.

O propósito dessas perguntas não é oferecer aos líderes um indicador quantitativo definitivo de humildade, ambição ou inteligência interpessoal, mas corroborar seu julgamento e intuição. Muitas vezes, um líder consegue intuir se um funcionário incorpora as três virtudes sem ter que fazer uma avaliação. Nessas situações, a avaliação pode servir como uma ratificação dessa intuição.

Autoavaliação do funcionário

Acredito que a forma mais eficaz de avaliar funcionários é pedir que avaliem a si próprios. Claro que nem sempre isso funciona. Alguns, em especial aqueles que *realmente* não têm inteligência interpessoal, podem nem mesmo estar cientes de suas deficiências. Aqueles que têm *excessiva* falta de humildade costumam também não ter autoestima suficiente para admitir o fato. E as pessoas que claramente têm um problema em relação à ambição ficam envergonhadas em admitir sua relativa falta de entusiasmo ou compromisso com a equipe.

Dito isto, a maioria dos colaboradores está disposta a assumir as próprias limitações, desde que o processo vise à melhoria e não à punição, e pressupondo que o ambiente de trabalho não seja completamente disfuncional. Essa abordagem de autoavaliação permite que os funcionários se responsabilizem por suas áreas de desenvolvimento, minimizando a possibilidade de resistência e negação.

A melhor maneira de incentivar autoavaliações de funcionários é oferecer perguntas explícitas e formulá-las de forma a estimular a sinceridade. Ironicamente, como acontece com entrevistas, a melhor maneira de fazer isso é pedir aos funcionários que comentem sobre o que seus colegas de equipe diriam sobre eles. Essa ainda será uma autoavaliação, porém baseada em comportamentos observáveis. Afinal, um parceiro ideal de trabalho não deve apenas ter a atitude correta, mas manifestar comportamentos corretos de forma que os outros reparem e entendam.

Instruções
Use a escala abaixo para indicar como cada afirmação se aplica às suas atividades dentro da equipe. Seja o mais honesto possível, pois isso permitirá que você identifique melhor as áreas que podem se aprimoradas.

Escala
   3 = Normalmente
   2 = Às vezes
   1 = Raramente

Humildade
Meus companheiros diriam que:
____ 1. Eu os elogio e aplaudo sem hesitação.
____ 2. Admito meus erros com tranquilidade.
____ 3. Estou disposto a assumir de bom grado um trabalho de nível inferior para o bem da equipe.
____ 4. Tenho entusiasmo em compartilhar o crédito pelas realizações da equipe.
____ 5. Reconheço prontamente meus pontos fracos.
____ 6. Peço e aceito desculpas de forma gentil.

____ Humildade: pontuação total

Ambição
Meus companheiros diriam que:
____ 7. Faço mais do que o necessário em meu próprio trabalho.
____ 8. Tenho paixão pela "missão" da equipe.
____ 9. Tenho senso de responsabilidade pessoal pelo sucesso geral da equipe.
____ 10. Estou disposto a contribuir e a pensar sobre o trabalho fora do horário de expediente.
____ 11. Estou disposto a assumir tarefas tediosas ou desafiadoras quando necessário.
____ 12. Procuro oportunidades para contribuir fora da minha área de responsabilidade direta.

____ Ambição: pontuação total

Inteligência interpessoal
Meus companheiros diriam que:
____ 13. Geralmente entendo o que os outros estão sentindo durante as reuniões e conversas.
____ 14. Demonstro empatia por outros membros da equipe.
____ 15. Demonstro interesse pela vida de meus companheiros de equipe.
____ 16. Sou um ouvinte atento.
____ 17. Estou ciente de como minhas palavras e ações impactam outras pessoas na equipe.
____ 18. Ajusto meu comportamento e estilo de maneira adequada ao conteúdo de uma conversa ou relacionamento.

____ Inteligência interpessoal: pontuação total

Pontuação:
Lembre-se de que o objetivo desta ferramenta é ajudá-lo a explorar e avaliar como incorporar as três virtudes de um parceiro ideal de trabalho. O padrão é alto, e o melhor parceiro de trabalho deverá ter poucas afirmações com uma pontuação inferior a "3" (de maneira geral).

- Uma pontuação que some 18 ou 17 indica que a virtude é potencialmente forte.
- Uma pontuação entre 16 e 14 indica que você talvez tenha algum trabalho a fazer em relação a essa virtude para que a pessoa se torne um parceiro ideal de trabalho.
- Uma pontuação que some 13 ou menos indica que você precisará aprimorar de forma substancial essa virtude naquela pessoa para que ela se torne um parceiro ideal de trabalho.

Por fim, lembre-se de que, embora a ferramenta seja quantitativa, seu valor real será encontrado nas conversas qualitativas entre os membros da equipe e seus superiores. Não se concentre nos números, e sim nos conceitos e nas afirmações individuais dos itens em que você obteve baixa pontuação.

Uma abordagem mais suave: classificação
Caso a utilização de uma avaliação como a descrita anteriormente pareça um pouco agressiva, devido à característica ou à sensibilidade de uma equipe ou de determinada organização, sugiro uma abordagem alternativa. Peça aos parceiros de trabalho que apenas classifiquem as três virtudes, iniciando com aquela que julgam a mais significativa, em ordem decrescente. Isso permite que o funcionário manifeste sua limitação relativa sem ter que admitir a extensão dela e oferece ao líder e a ele próprio um ponto inicial concreto para seu aperfeiçoamento.

Avaliações por pares versus discussão por pares

Não sou um grande defensor de avaliações por pares, ao menos não do tipo formal, em que colegas avaliam por escrito os pontos fortes e fracos uns dos outros e depois são informados sobre como foram avaliados. Acho que esse processo propicia muitos mal-entendidos, politicagem e ansiedade desnecessários.

Quando se trata de avaliar colegas com base em humildade, ambição ou inteligência interpessoal, minha oposição é ainda mais firme. Esses atributos são particularmente pessoais, e o preço de uma avaliação imprecisa pode ser a perda de confiança na equipe. É um preço bastante alto, especialmente quando há maneiras melhores e mais construtivas de ajudar os funcionários a identificar e compreender suas carências em cada área.

Dito isso, acredito que a atividade mais eficaz para qualquer avaliação é a *discussão* entre pares. Sentar em grupo e fazer com que colegas de equipe revelem e discutam seus próprios pontos fracos relacionados a humildade, ambição ou inteligência interpessoal é uma maneira produtiva de promover mudanças e se certificar de que os companheiros de trabalho serão os melhores colaboradores mútuos. Falaremos mais sobre isso na próxima seção.

APLICAÇÃO 3: APERFEIÇOAMENTO DE FUNCIONÁRIOS QUE CARECEM DE UMA OU MAIS VIRTUDES

Uma vez que um líder (ou funcionário) tenha estabelecido uma noção clara dos pontos fortes e fracos de seus subordinados (ou dos seus próprios) relacionados às três virtudes, o processo de aprimoramento poderá começar. Mas, antes de analisarmos como isso acontece, devemos responder a algumas questões críticas.

Qual o segredo para que o aperfeiçoamento funcione? O que fazer se não funcionar?

A parte mais importante do processo de aperfeiçoamento, muitas vezes menosprezada, é o compromisso do líder em "relembrar" constantemente seu funcionário caso ele ainda não esteja produzindo o necessário. Sem isso a melhora não ocorrerá.

Eu sei que parece muito simples. Então, por que a maioria dos líderes não segue esse preceito? Porque é desconfortável. Ninguém aprecia ter que dizer pela quinta semana consecutiva que alguém ainda não está trabalhando com empenho suficiente ou não está se relacionando com os colegas de forma apropriada. Apesar de ser desagradável e estranho, é o que um líder deve fazer.

Quando um gestor encontra esse desafio, semana após semana, uma de duas possibilidades quase sempre acontece. A primeira é a pessoa finalmente dar uma guinada, decidida a não mais ouvir esses lembretes. Ela chegará ao topo do obstáculo, vamos dizer assim, e passará para o outro lado, onde sua humildade, ambição ou inteligência interpessoal entrarão em ação. Quando isso acontecer, ela vai achar que tem uma dívida permanente para com o líder.

A segunda é a pessoa decidir enfim que não consegue seguir esses preceitos e resolver sair por conta própria. O ideal seria que isso acontecesse com a orientação e o suporte do superior, porque assim a saída dela seria vista por todos como a melhor maneira de prosseguir com a carreira. Em algumas situações, pode ocorrer de a pessoa não ter o nível de autoconfiança necessário e ficar ressentida com o líder e com a equipe por algum tempo. Em ambos os casos, ela mesma estará tomando a decisão e isso é positivo.

Há ainda um terceiro resultado possível, mesmo que raro. Uma pessoa decide que vai tolerar as constantes repreensões de seu superior sem pedir demissão. Nesse caso, uma ação formal será necessária para removê-la da equipe, e isso pode levar a um processo burocrático e doloroso para todos.

Alguns poderão dizer: "Ei, isso acontece o tempo todo na minha empresa!" A razão pela qual demissões desagradáveis e até mesmo processos judiciais ocorrem em tantas organizações é que líderes param de comunicar às pessoas que elas não estão correspondendo ao que é esperado. Vou dar um exemplo de como isso acontece.

O líder diz a seu funcionário problemático que ele precisa mudar – por exemplo, demonstrar mais ambição. Alguns dias depois, ele o vê embromando, e talvez o relembre uma vez. Passados mais alguns dias, a cena se repete e o líder reclama com a companheira, com os colegas ou, pior ainda, com outros membros da equipe que lidera. Isso continua por semanas ou meses, com comentários passivo-agressivos, até que enfim ele resolve dar um basta na situação. Chama o funcionário e quando anuncia que o está demitindo, ele fica chocado. Sim, chocado. Como pode?

Bem, na mente do líder, esse empregado foi informado e estava ciente de que não tinha demonstrado ambição suficiente. No entendimento do funcionário, ele ouviu uma, talvez duas reclamações, e depois não escutou mais nada, portanto tudo deve ter sido resolvido. Os dois estão loucos. O chefe do líder está bravo. Os advogados contratados estão ocupados e felizes. E a equipe está em completa desordem.

Novamente, a solução é a constante, repetida, gentil e constante (sim, eu escrevi "constante" duas vezes) reiteração direta para que o funcionário saiba que precisa melhorar. Confie em mim. Ele quase sempre vai se recompor ou então desistir por conta própria. Mas isso não pode acontecer – e não acontecerá se o líder se esquivar de sua responsabilidade de informar o funcionário de sua real condição.

E os parceiros ideais de trabalho? Eles não precisam se aperfeiçoar?
A maior parte desta seção se concentra nas pessoas que carecem de uma das três virtudes de maneira significativa. Porém, mesmo aqueles que não se consideram desprovidos delas podem se beneficiar do aperfeiçoamento de uma ou mais virtudes no contexto de suas vidas. E, por serem ambiciosos, talvez queiram mesmo buscar novas maneiras de melhorar.

A chave para que isso aconteça é deixar claro que não se trata de uma punição, e que apenas porque um colega de equipe é relativamente inferior em uma das virtudes não significa que ele não seja um parceiro ideal de trabalho. No contexto deste livro, ideal não é sinônimo de perfeito.

Uma vez que todos entenderam que se trata apenas de uma oportunidade de desenvolvimento, a melhor abordagem costuma ser usar os outros parceiros ideais como um acervo de treinadores especialistas. Considere, por exemplo, que alguns membros da equipe são mais fortes em humildade do que outros. Faça-os treinar aqueles que gostariam de melhorar nesta área específica. Isso também vale para a ambição e a inteligência interpessoal. Quando um parceiro ideal de trabalho está ao mesmo tempo treinando e sendo treinado, o processo de desenvolvimento não apenas promove a melhora individual, mas também cria um forte senso de compromisso e responsabilidade para com toda a equipe.

Usar a autoavaliação proposta nas páginas 192-195 é um bom começo. Os parceiros ideais de trabalho gostam de analisar a si próprios e uns aos outros com o intuito de melhorar seu comportamento e seu desempenho.

Ok, voltemos ao propósito desta seção, que é ajudar as pessoas que sem dúvida carecem de humildade, ambição ou inteligência interpessoal. Não há uma maneira única de fazer isso, porque cada pessoa traz um conjunto diferente de causas e manifestações de comportamento relacionadas aos próprios pontos fracos como membro da equipe. No entanto, há uma série de abordagens que eu recomendaria.

Desenvolvendo a humildade
A humildade é a mais delicada das três virtudes, por isso o processo de aprimoramento nessa área costuma ser psicologicamente mais sutil. Isso porque a origem da falta de humildade está sempre relacionada com alguma forma de insegurança, e para a maioria das pessoas a insegurança está enraizada na infância e em questões familiares muito anteriores ao primeiro dia de trabalho ou à equipe.

Importante notar que todos nós, de uma forma ou de outra, somos inseguros. É necessário que a pessoa que esteja tentando trabalhar sua escassez de humildade entenda isso, caso contrário é provável que se sinta muito envergonhada e estressada. Se um líder ou coach for capaz de expor os desafios que ele mesmo enfrenta em relação à humildade, será muito mais fácil para um funcionário também fazê-lo.

Identificando a raiz do problema
Sem querer me aprofundar demais na análise psicológica ou terapêutica, um líder ou coach (ou um funcionário motivado por conta própria) pode obter alívio significativo apenas identificando a causa geral de sua insegurança. Pode ter sido a falta de apoio dos pais ou uma experiência traumática na carreira ou na vida pessoal. Seja qual for o motivo, muitas vezes é extremamente útil para a pessoa admitir, para si mesma, para seu superior ou até para seus parceiros de equipe, a razão das dificuldades que enfrenta no aspecto humildade. Isso pode, por si só, melhorar muito sua capacidade de aperfeiçoamento e gerar empatia e estima dos colegas.

Por vezes, o problema com humildade ou outras virtudes pode ser atribuído à personalidade do funcionário. Usando os perfis Myers-Briggs ou DISC,* é possível, em geral, prever quem tem maior probabilidade de encontrar dificuldades em relação à humildade. Apontar isso para o funcionário pode ser outra fonte de alívio, pois permite que ele reconheça que não é uma pessoa má e que muitas outras compartilham do mesmo desafio. Também oferece uma justificativa objetiva, que ele pode explicar aos colegas. Claro, não é uma desculpa, mas uma explicação que fornece um contexto a partir do qual ele poderá prosseguir.

Terapia de exposição
Além de identificar e admitir a causa de seu problema, pessoas que carecem de humildade precisam de treinamento comportamental por meio de terapia de exposição. Não se impressione com o termo clínico. O que quero dizer é que funcionários podem progredir simplesmente agindo como se fossem humildes. Ao forçar-se intencionalmente a elogiar os outros, admitir os próprios erros e pontos fracos e se interessar pela vida dos colegas, eles começam a sentir uma espécie de "liberação" da humildade. Isso acontece porque de repente percebem que focar nos outros não diminui sua própria felicidade, e sim a aumenta. Afinal, a humildade é a mais atraente e central de todas as virtudes.

Deixe-me repetir isso, porque é tão simples quanto importante. Trata-se de fazer com que os funcionários pratiquem os mesmos comportamentos que lhes parecem difíceis, para que possam vir a compreender os benefícios para si próprios e

---

* N. do E.: Myers-Briggs e DISC são ferramentas que ajudam a identificar os traços comportamentais predominantes em cada indivíduo. São muito usados por profissionais que trabalham com gestão para avaliar pessoas. O indicador Myers-Briggs se baseia no trabalho de Carl Jung e determina o tipo de personalidade, percepção, processo de pensamento e ponto de vista de cada um. Já o método DISC (Dominância, Influência, Estabilidade e Conformidade, na sigla em inglês) é um teste com perguntas sobre as características pessoais que permite identificar o perfil dominante do indivíduo.

para os outros. Uma maneira de fazer isso acontecer é preparando uma lista dos comportamentos desejados e relacionados à sua área de desenvolvimento para, em seguida, conferir suas próprias ações durante um período. Por vezes, envolver um gestor no processo é útil para fins de incentivo e verificação.

Porém, o ideal é quando os colegas de equipe treinam o funcionário, encorajando-o e lhe dando feedback imediato sempre que as virtudes desejadas se manifestem ou faltem. Essa estratégia pode soar piegas ou infantil, mas garanto que não é. Não há nada melhor que ter um colega de equipe dizendo: "Ei, ultimamente você tem sido um grande incentivador, estou adorando. Ver que você se preocupa comigo tem feito muita diferença." Qualquer pessoa que ouça isso de um colega certamente dirá que esse comentário o incentiva a manter esse comportamento.

Da mesma forma, é marcante quando alguém faz um alerta gentil: "Ei, acho que você está se gabando de novo. Você pediu que o alertássemos se isso acontecesse." Quando uma equipe inteira concorda em ajudar um colega que se mostra receptivo, mesmo em uma área aparentemente tão sensível quanto a humildade, o progresso pode ser enorme.

Exemplo de líderes

Outro aspecto importante para o aperfeiçoamento de um funcionário é saber que seu chefe valoriza a humildade e faz o possível para demonstrá-la. Mesmo que tenha dificuldades, a disposição do líder em admitir e continuar trabalhando no problema ajudará muito a encorajar o funcionário a fazer o mesmo. Isso vale para todas as virtudes, bem como para qualquer outro desafio comportamental relacionado ao trabalho.

Desenvolvendo ambição
De todas as três virtudes, a ambição é a menos refinada e sutil. Essa é a boa notícia. A má notícia é que, baseado em minha experiência, é a mais difícil de ser modificada.

Embora seja tentador para um funcionário subestimar a falta de ambição, é difícil negar essa carência ao longo do tempo, porque é uma virtude que pode ser mensurada e observada. Da proporção trabalho/produção ao cumprimento de metas e horas trabalhadas, é fácil demonstrar a um funcionário que ele parece ter menos ambição que seus colegas.

Infelizmente, mesmo quando ele reconhece seu problema, não é simples estimular essa virtude. Lembre-se: não se trata apenas de melhorar sua capacidade de produzir. Existem muitos métodos e ferramentas relacionados à definição de metas e ao gerenciamento de desempenho que tratam disso. O importante é transformar o funcionário de fato, para que ele possa incorporar a ideia de excelência e não precise mais de estímulos ou lembretes extras.

Por que essa dificuldade? Suponho que seja porque, muitas vezes, a pessoa prefere essa alternativa, pelo menos no contexto específico de sua equipe. Em outras palavras, para alguns funcionários, demonstrar menos ambição do que outros tem seus benefícios. Mais tempo livre. Menos responsabilidade. Mais ênfase em outras atividades. Isso não quer dizer que alguém que venha a preferir essa opção seja uma má pessoa. No entanto, ela costuma ser um mau parceiro de trabalho. (Sim, eu sei que isso soa politicamente incorreto, mas é a verdade. Muitas pessoas divertidas, talentosas e sociáveis não são bons parceiros de equipe, porque a ambição delas é direcionada a atividades externas.)

Compare ambição com as outras duas virtudes. Ninguém prefere não ter humildade, pois isso causa angústia e sofrimento, não só para a pessoa, mas também para os outros a seu redor.

Somente alguém muito iludido alegaria que a falta de humildade é uma vantagem. No fundo, todos nós sabemos que é algo deplorável.

Isso também se aplica à inteligência interpessoal. Ninguém escolheria não ter consciência social ou aptidão interpessoal. Os custos de não ter inteligência interpessoal, do constrangimento à insensibilidade involuntária, são altos e não trazem benefícios.

A falta de ambição, no entanto, pode ser uma característica atraente para algumas pessoas, mas não para todas. Muita gente que não é ambiciosa gostaria de ser engajada e produtiva no trabalho. O importante aqui é que algumas pessoas parecem preferir o desapego e a rotina, e dedicar esforços a elas não vai render retornos significativos.

A chave é descobrir, entre as pessoas que não têm ambição, quem gosta mesmo de ser assim e quem gostaria de mudar, para, a partir dessa conclusão, poder dar apoio àqueles que querem promover a mudança e, gentilmente, ajudar os outros a encontrar um trabalho no qual essa virtude não seja uma exigência.

Entusiasmo pela missão e pela equipe
O primeiro e mais importante elemento para ajudar uma pessoa em relação à ambição é encontrar uma maneira de conectá-la com a importância do próprio trabalho. Até que isso aconteça, não devemos esperar muitas mudanças.

Com frequência, os funcionários têm dificuldade em relação à ambição porque não veem a conexão entre o que fazem e o impacto que isso causa, seja em relação a clientes, fornecedores ou outros funcionários. Pedir que alguém se torne um parceiro de trabalho mais engajado e empenhado não vai adiantar se essa pessoa não entender que o trabalho que faz é importante para os outros. E apenas querer manter o emprego não é o tipo de motivação que transforma um funcionário letárgico em um trabalhador ativo.

A maneira mais eficaz de isso acontecer é o esforço em equipe. Quando um funcionário desinteressado escuta de seus colegas a descrição de suas motivações pessoais e conexões com a missão da equipe, é provável que uma de duas coisas positivas aconteça. Ele pode ser "contagiado" pelo entusiasmo de seus companheiros ou, mesmo que isso não ocorra, pode perceber que desempenha um papel importante em ajudá-los a cumprir a missão deles. Somente uma pessoa zero ambiciosa poderia ser exposta a uma situação dessas sem ser afetada de algum modo.

Expectativas claras
Outra parte indispensável para desenvolver a virtude da ambição em um funcionário (presumindo que ele tenha os recursos e as habilidades necessárias) é definir expectativas claras de comportamento e, posteriormente, responsabilizá-lo por elas. Sim, isso parece muito óbvio, mas para aqueles que não são ambiciosos é crucial. Embora também seja importante definir metas e objetivos de desempenho, é mais vital ainda esclarecer os comportamentos desejados.

Por exemplo, uma coisa é especificar a produção que você espera de alguém para que mantenha seu emprego. Mesmo um funcionário sem ambição cumprirá esse requisito mínimo. É totalmente diferente dizer que você espera que esse funcionário auxilie os colegas a completarem suas obrigações, fazendo o que for necessário, inclusive assumindo responsabilidades adicionais, trabalhando por mais horas (presumindo que isso seja possível) ou pesquisando além do habitual, até que problemas específicos sejam resolvidos.

Uma funcionária que de maneira consciente prefira manter sua falta de ambição irá recuar imediatamente ou assim que perceber que será responsabilizada pelo comportamento que assumiu. De novo, se este for o caso, é importante ajudá-la de maneira elegante a encontrar outro emprego em algum lugar que não exija essa característica. Existem muitas posições e oportunidades que não demandam essa virtude. Mas um funcionário que no fundo deseje ser mais ambicioso responderá com determinação às expectativas, permitindo o treinamento e o apoio de seu líder e de colegas de equipe.

Lembretes não muito gentis
Mesmo um funcionário com uma forte mas latente ambição não experimentará transformações imediatas. Os hábitos de letargia infiltrados ao longo do tempo exigem certo tempo para ser eliminados. E para que isso aconteça, gerentes e colegas de equipe precisarão superar, quando necessário, o receio em responsabilizar o colega que não esteja demonstrando ambição suficiente.

Esperar até que uma avaliação de desempenho informe que ele não está fazendo o necessário ou incluir essa informação em um programa anual de feedback não é apenas irresponsável, mas também cruel.

Esse funcionário precisa de alguém que lhe ofereça um feedback imediato e inequívoco para que possa digerir logo o incômodo, convertendo-o em desejo de mudança. Isso precisa acontecer dia após dia, até que o comportamento se transforme. Sim, esse processo exige uma combinação prudente de incentivo, apoio e paciência nos estágios iniciais; caso contrário, mesmo que o funcionário esteja bem-intencionado, ele poderá ficar tentado a desistir. Na maioria das experiências de desenvolvimento pessoal, certa rédea curta é a melhor opção, atuando com firmeza e amabilidade. E embora a maioria dos líderes entenda isso na teoria, com frequência acabam omitindo a firmeza ou a amabilidade – e, por vezes, ambas.

Encorajamento
Isso nos leva ao próximo conselho – óbvio, mas muitas vezes esquecido. Quando uma funcionária com carência de ambição começar a exibir sinais de superação do problema, elogie-a na frente de todos e peça aos colegas de equipe que façam o mesmo. Ela vai ficar com vergonha? E daí? Vai dar a impressão de que você a está recompensando por um comportamento que é naturalmente esperado de todos os outros? Sim, mas ela precisa mais desse encorajamento, e todos sabem disso. Com o tempo, esse incentivo e elogios extras não serão mais necessários. Mas continue até que a ambição se torne uma parte natural de seu conjunto de ferramentas comportamentais. E lembre-se de que aqueles que têm dificuldades com humildade ou inteligência interpessoal também precisam de incentivo extra. Se você tem funcionários que se ressentem pela atenção especial que essas pessoas estão recebendo, então é importante avaliar se eles são realmente humildes.

Exemplo de líderes
Como escrevi na seção anterior, um aspecto importante do desenvolvimento de um funcionário é saber que seu superior valoriza a humildade e faz o possível para demonstrá-la. Mesmo que tenha dificuldades, a disposição do líder em admitir o problema e continuar trabalhando nele ajudará muito a encorajar o funcionário a fazer o mesmo.

Desenvolvendo inteligência interpessoal
Ajudar alguém a ser "mais inteligente" em seu relacionamento com os parceiros de equipe não é um processo tão delicado quanto o da humildade, nem, dependendo da pessoa, tão difícil quanto o da ambição, porque quem tem dificuldades com inteligência interpessoal provavelmente deseja melhorar. Ainda assim, é um desafio.

A chave para ajudar alguém a desenvolver inteligência interpessoal é deixar claro para todos os envolvidos que uma deficiência nessa área nada tem a ver com intenção. Funcionários que carecem dessa virtude não desejam criar problemas pessoais com seus colegas de equipe. Eles apenas não entendem as nuances das situações interpessoais e parecem não perceber como suas palavras e ações impactam os outros. Se essa pessoa e seus colegas de equipe estiverem cientes e se lembrarem disso, o processo para ajudá-la a superar o problema será muito mais fácil e eficaz.

Caso seus companheiros caiam na falsa crença de que ela está conscientemente tentando ser uma pessoa difícil por algum motivo oculto, é provável que comecem a demonstrar ressentimento e, pior ainda, evitem proporcionar a ajuda de que a pessoa precisa.

Treinamento básico

Uma pessoa com dificuldades de relacionamento interpessoal pode ser comparada a um cachorrinho. Espere, isso não é tão ilógico assim. Da mesma maneira que um filhote em treinamento, ela precisa de uma reprimenda, mesmo que aplicada de modo delicado, sempre que fizer algo que não deve.

Lembre-se de que as intenções dela não são ruins. Portanto, pare no meio de uma reunião e diga: "Ei, Bob, este é o momento em que você poderia agradecer pelo que ela fez." Ou então: "Bob, vou lhe dizer isso porque sei que você quer saber, não porque eu esteja chateado com você. Fiquei meio frustrado com a situação da minha família e ajudaria se você reconhecesse isso." Ou: "A próxima vez que você tiver um problema com a minha equipe, talvez seja melhor não enviar um e-mail, mas, se o fizer, mande antes para alguém que possa ajudá-lo a incluir algumas frases amistosas no início e no fim. Minha equipe ficou realmente irritada ontem, mas eu expliquei a sua real intenção."

Se tudo isso parece rudimentar ou mesmo juvenil, tudo bem. O processo irá mudar assim que você estabelecer a verdadeira natureza da ajuda de que seu funcionário precisa. Se ele estiver sinceramente interessado em melhorar, irá agradecer. Na verdade, a situação se tornará uma fonte de bom humor e vínculo, tanto para ele quanto para a equipe. Afinal, as intenções dele são boas.

APLICAÇÃO 4: INCORPORAÇÃO DO MODELO NA CULTURA ORGANIZACIONAL

Acredito que o trabalho em equipe não seja uma virtude, mas uma escolha. É uma decisão estratégica e intencional, o que significa que não é para todos.

Dito isso, devo admitir que, para mim, é difícil imaginar uma empresa que não queira experimentar os benefícios do trabalho em equipe. Porém, se os líderes da organização não estiverem dispostos a dedicar um tempo considerável e bastante esforço para fazer com que o trabalho em equipe se torne mais do que apenas uma frase descartável ou um cartaz pendurado no café, então vejo coragem em ser franco e reconhecer esse fato.

Digo isso porque não gostaria que um líder fizesse o que vou recomendar em seguida, caso ele ou ela não estejam de fato comprometidos com a cultura de trabalho em equipe – o tipo que atrai parceiros ideais de trabalho. Portanto, para as organizações genuinamente interessadas em humildade, ambição e inteligência interpessoal, aqui vão algumas ideias simples, com o objetivo de incorporar essas virtudes na cultura da sua empresa.

Seja explícito e ousado

Os líderes que acreditam que trabalho em equipe é importante e desejam que seu pessoal tenha humildade, ambição e inteligência interpessoal devem anunciar sua convicção de modo claro e direto. Eles devem expor isso a todos: funcionários, fornecedores, parceiros, clientes, possíveis clientes, futuros empregados – todo mundo.

Claro, isso deve ser feito de maneira apropriada. Não estou falando de marketing, mas de expectativas. O objetivo é informar a todos os que irão lidar com a organização, o departamento ou a equipe que podem esperar um alto grau de humildade, ambição e inteligência interpessoal nas pessoas que encontrarão.

Os líderes não devem ser piegas ao tratar do assunto. Cartazes e camisetas, em geral, não são o melhor caminho. Mas seja lá o que façam, não devem esconder seu compromisso com as três virtudes e não devem permitir o esmorecimento desses conceitos. Vez ou outra, seus clientes, fornecedores, parceiros e funcionários se tornarão os melhores recursos para encontrar o tipo de pessoa que se encaixa na organização e afastar os que não se adaptam.

Por que mais organizações não se mostram explícitas e ousadas a respeito de sua cultura de trabalho em equipe? Em muitos casos, elas não têm a seriedade necessária para divulgar o fato com confiança ou integridade. Outras vezes, ficam envergonhadas porque podem parecer piegas. Ou então pensam que é demasiado simples. Você sabe quais tipos de empresas são explícitas sobre a importância de uma cultura forte? As bem-sucedidas. Elas estão dispostas a fazer coisas que parecem simples e podem provocar respostas cínicas ou sarcásticas dos concorrentes. Basta observar empresas de reconhecida importância nos Estados Unidos, como Southwest Airlines, Chick-fil-A, Ritz-Carlton ou REI.

Constate e reverencie
Os líderes que desejam criar uma cultura de humildade, ambição e inteligência interpessoal em suas organizações devem

estar em constante busca de qualquer demonstração dessas virtudes. E quando as encontrar, devem apresentá-las como exemplos para que todos vejam.

Com frequência, nos deparamos com pessoas que fazem o que desejamos que elas façam e nos calamos, presumindo que tal comportamento seja natural e rotineiro. Justificamos essa conduta alegando que seria constrangedor elogiar um comportamento que é considerado habitual. Não percebemos que a razão do elogio não é apenas reforçar o comportamento daquele funcionário individualmente, e sim reforçá-lo para todos os outros.

Bons líderes não têm receio em reconhecer um exemplo, ainda que simples, de trabalho em equipe. Eles identificarão o ato de humildade, ambição ou inteligência interpessoal não porque querem ser vistos como líderes inteligentes ou sofisticados, mas porque desejam que todos saibam quais tipos de comportamento esperam e apreciam.

Descobri que, na maioria dos casos, gestores subestimam o impacto de um comentário ou gesto rápido de aprovação em seus funcionários. Eles passam semanas ajustando um programa anual de bônus ou algum outro modelo de compensação, acreditando que seus funcionários funcionam com moedas, mas pecam na hora de se dirigir a alguém durante uma reunião e dizer: "Ei, esse foi um exemplo fantástico de ambição que todos nós deveríamos tentar reproduzir."

Não estou dizendo que numeração não seja importante. Porém, se quisermos criar uma cultura de humildade, ambição e inteligência interpessoal, a melhor maneira de termos sucesso é notar as ocasiões em que alguém exibe uma dessas virtudes e mencioná-las publicamente, como exemplo. Não são necessários balões, bombons ou brindes baratos, apenas um reconhecimento genuíno e imediato.

Detecte e confronte

A última ação simples para incorporar humildade, ambição e inteligência interpessoal em sua organização é algo que qualquer pai, mãe ou técnico reconhece ser fundamental (ainda que para eles seja difícil colocar em prática). Sempre que você observar um comportamento que viole um dos valores, reserve um tempo para comunicar ao transgressor que ele agiu de forma inadequada. E não faça isso apenas em situações flagrantes. Diversas vezes, são as infrações menores que os funcionários têm maior dificuldade em constatar, e é por meio delas que eles mais aprendem.

É claro que isso requer tato e bom senso. Severidade exagerada com um erro menos grave ou muita moderação com um erro gritante criam seus próprios problemas. Dito isso, é importante que os líderes e, em alguns casos, os companheiros de equipe não desperdicem oportunidades construtivas de aprendizado. Culturas eficientes tendem a ser intolerantes com certos comportamentos, e equipes eficientes são rápidas e diplomáticas ao lidar com qualquer falta de humildade, ambição ou inteligência interpessoal.

A CONEXÃO ENTRE O PARCEIRO IDEAL DE TRABALHO E
Os 5 DESAFIOS DAS EQUIPES

Alguns leitores de *Os 5 desafios das equipes* podem estar se perguntando como aquele livro e o modelo nele apresentado se encaixam neste. Alguns desses leitores podem até estar envolvidos em atividades de consultoria ou treinamento em torno do modelo dos 5 Desafios e, portanto, curiosos para saber se o modelo de parceiro ideal de trabalho pode ajudá-los a melhorar seu trabalho.

Fico feliz em dizer que os dois modelos se complementam. Veja como:

Em primeiro lugar, o livro *Os 5 desafios das equipes*, nosso Online Team Assessment (disponível em nosso site www.tablegroup.com) e demais produtos detalham como um grupo de pessoas deve interagir para se tornar uma equipe coesa. Neste livro, por outro lado, o enfoque é dirigido a um membro individual da equipe e às virtudes que o tornam mais propenso a superar disfunções que desgastam o time.

Por exemplo, uma pessoa que tenha a humildade como uma de suas qualidades terá melhor resultado em demonstrar vulnerabilidade do que alguém arrogante, inseguro e egoísta. Da mesma forma, uma pessoa com uma tendência natural à inteligência interpessoal terá mais facilidade quando estiver envolvida em conflitos produtivos, sabendo ler e compreender seus colegas e ajustando adequadamente suas palavras e comportamentos.

Em outras palavras, o parceiro ideal de trabalho se refere aos atributos individuais dos integrantes, enquanto as cinco disfunções destacam a dinâmica das equipes em ação.

Em segundo lugar, a equipe que invista tempo e energia na metodologia dos 5 Desafios poderá usar o modelo de humildade, ambição e inteligência interpessoal como aquecimento. Descobrimos que algumas equipes alcançam um platô em seu progresso para superar os desafios que encontram. Em muitos casos, essa equipe poderá retomar o processo de evolução fazendo com que seus integrantes se aprofundem no desenvolvimento individual em torno das virtudes que podem estar impedindo o avanço.

É como o motor de um carro de corrida que já tem gasolina e óleo, mas um pouco de aditivo pode fazê-lo funcionar de forma mais eficaz, lubrificando melhor as peças e tornando o combustível mais eficiente. (Ok, esse é o limite do meu conhecimento automotivo, mas você deve ter entendido a analogia.) Quando os integrantes de uma equipe desenvolvem as próprias habilidades de humildade, ambição e inteligência interpessoal, eles automaticamente serão mais capazes de progredir na superação dos 5 Desafios.

Por fim, o modelo de parceiro ideal de trabalho e as ferramentas apresentadas neste livro fornecem mais uma oportunidade para os integrantes se mostrarem vulneráveis uns com os outros. Reconhecendo seus pontos fortes e fracos – e, lembre-se, o líder deve ser o primeiro a fazê-lo –, uma equipe pode desenvolver altos níveis de confiança entre seus membros, o que torna o conflito, o comprometimento, a responsabilização e os resultados muito mais favoráveis.

Resumo de *Os 5 desafios das equipes*

```
          /\
         /  \
        / Falta de \
       / atenção aos \
      /  RESULTADOS   \
     /------------------\
    /      Evitar        \
   /   RESPONSABILIZAR    \
  /        os outros       \
 /--------------------------\
 /        Falta de           \
/      COMPROMETIMENTO        \
/------------------------------\
/          Medo de              \
/         CONFLITOS              \
/--------------------------------\
/           Falta de              \
/          CONFIANÇA               \
/----------------------------------\
```

1. **Falta de confiança**
   O receio de ser vulnerável diante dos parceiros de trabalho impede o desenvolvimento de confiança entre os membros do time.

2. **Medo de conflitos**
   O desejo de preservar artificialmente a harmonia reprime a ocorrência de conflitos saudáveis e produtivos.

3. **Falta de comprometimento**
   A falta de clareza e/ou o receio de errar impedem que membros da equipe tomem decisões a tempo e com segurança.

4. **Evitar responsabilizar os outros**
   A necessidade de evitar o desconforto pessoal impede que os membros da equipe se responsabilizem mutuamente por seus comportamentos.

5. **Falta de atenção aos resultados**
   O desejo por projeto individual corrói o foco no sucesso coletivo.

Para maiores informações sobre o modelo ou assunto referente aos 5 Desafios, visite www.tablegroup.com

Reflexões finais
Além das equipes de trabalho

Durante os últimos 20 anos, ficou claro para mim que humildade, ambição e inteligência interpessoal têm relevância não apenas no trabalho. Um cônjuge, pai, amigo ou vizinho humilde, ambicioso e dotado de inteligência interpessoal será mais eficiente, inspirador e atraente – alguém que cativa e serve aos outros de maneira saudável.

Mas devo admitir que acima das duas outras virtudes encontra-se a humildade. Essa é, de fato, a virtude suprema e antítese do orgulho, que é a raiz de todo pecado, de acordo com a Bíblia. O exemplo mais marcante em nossa história pode ser encontrado em Jesus Cristo, que demonstrou completa humildade ao tomar parte em nossa humanidade. Ele atraiu pessoas de todas as classes quando andou pela Terra e continua a fazer isso até hoje, dando um exemplo de humildade tão poderoso quanto revolucionário.

Portanto, tenho a esperança de que os leitores deste livro levem consigo algo palpável para aplicar em suas vidas: um apreço pelo verdadeiro dom que é ser humilde e pelas origens divinas dessa virtude.

Informações adicionais

Caso deseje obter mais informações sobre o modelo de parceiro ideal de trabalho, visite o site: www.tablegroup.com/idealteamplayer (em inglês).

Lá você encontrará:

- Vídeos
- Autoavaliações para funcionários
- Avaliações para líderes
- Artigos adicionais
- Gráficos
- Perguntas e respostas do autor
- Ferramentas e recursos adicionais

Para obter ajuda na implementação de qualquer um dos conceitos deste livro, visite nosso site: www.tablegroup.com.

Agradecimentos

Quero reconhecer e agradecer minha esposa maravilhosa, Laura, e meus quatro adoráveis meninos, Matthew, Connor, Casey e Michael, por me concederem o tempo e o espaço de que preciso para escrever meus livros. Também agradeço aos meus companheiros de equipe no The Table Group – Amy, Tracy, Karen, Jeff, Lynne, Jackie, Kim, Cody e Dani – por fazerem parte de um laboratório vivo de humildade, ambição e inteligência interpessoal.

Agradeço ao meu fantástico agente, Jim Levine, por seu compromisso e suas percepções sobre o modelo de parceiro ideal de trabalho. E a todas as pessoas incríveis da Wiley por sua parceria e seu comprometimento comigo e com o The Table Group ao longo de todos esses anos.

Quero agradecer a todos os consultores em várias partes do mundo pela dedicação em ajudar clientes a fazer da saúde organizacional uma realidade em suas empresas. Também sou grato a todos os clientes interessados em saúde organizacional e pela confiança que depositam em nossos produtos e serviços.

Agradecimentos especiais aos meus amigos da ViNE e do movimento The Amazing Parish, bem como às queridas Irmãs Carmelitas de Los Angeles e aos meus inúmeros amigos sacerdotes espalhados por todo o país, por suas orações e apoio. Agradeço a Matthew Kelly por me aconselhar a escrever este livro.

E obrigado, mãe, por sua preocupação e orações diárias, que eu tanto aprecio. E ao meu falecido pai: sou grato por ter sido meu primeiro treinador e orientador sobre trabalho em equipe.

E, naturalmente, todos os agradecimentos devidos a Deus, fonte de todo o bem que existe.

CONHEÇA OUTROS LIVROS DO AUTOR

Os 5 desafios das equipes

Com 3,7 milhões de livros vendidos, *Os 5 desafios das equipes* é uma fábula envolvente, realista e prática sobre liderança. Patrick Lencioni usa sua capacidade de contar boas histórias para explicar por que certas equipes dão certo e outras não.

Recém-contratada, a CEO Kathryn Petersen precisa gerenciar um grupo de executivos que é desunido a ponto de afetar a empresa inteira. Será que ela resolverá os problemas de relacionamento ou enfrentará resistência e será demitida?

Os cenários e personagens são bastante familiares, como o funcionário talentoso que não joga para o time; um gerente proativo que assume o trabalho dos outros e com isso não se dedica à própria função; e um executivo cuja maior ambição é roubar o lugar do chefe.

Ao longo da história, o autor oferece instruções claras e diretas para superar os obstáculos que minam o trabalho em grupo: a falta de confiança, o medo de conflitos, a falta de comprometimento, evitar responsabilizar os outros e a falta de atenção aos resultados. Ele também inclui um rápido questionário para que você possa avaliar a própria equipe e identificar o melhor caminho para retomar o sucesso.

A vantagem decisiva

Existe uma vantagem competitiva mais poderosa do que qualquer outra. Não se trata de marketing, finanças, tecnologia nem inteligência ou conhecimento superiores.

A diferença entre as empresas bem-sucedidas e as medíocres é a sua saúde organizacional.

Uma organização saudável é consistente e plena. Sua equipe gerencial, suas operações e sua cultura estão integradas em um ambiente sem politicagem e confusão, e isso gera resultados melhores que os dos seus concorrentes.

Neste livro, Lencioni oferece um modelo inovador e acessível para alcançar esse patamar, valendo-se de histórias reais e de lições extraídas de seus vinte anos de experiência prestando consultoria para grandes empresas e instituições americanas.

O resultado é um dos mais abrangentes e significativos trabalhos do autor, uma ótima leitura e uma inestimável ferramenta prática.

Para saber mais sobre os títulos e autores da Editora Sextante,
visite o nosso site e siga as nossas redes sociais.
Além de informações sobre os próximos lançamentos,
você terá acesso a conteúdos exclusivos
e poderá participar de promoções e sorteios.

sextante.com.br